Kiyomi Mikuni
Food Fantasy of the Hôtel de Mikuni

Kiyomi Mikuni

Food Fantasy of the Hôtel de Mikuni

皿の上に、僕がある。

僕のすべてが、ここから始まった。北海道・増毛、朱文別の浜。

CONTENTS

MIKUNI SPEAKS 7
ちょっと型破りな、シェフからのご挨拶。

NOBUO MURAKAMI 9
Executive Chef of Imperial Hotel
村上さんとの出会いがなかったら、いまの三国はなかったかもしれない。

THE PATRON'S VOICE 10
17名の方々と、3通のサルティフィカが語る三国。

LA CUISINE 15
20種類の素材を、お皿の上で120のストーリーにする。

BIOGRAPHY 177
料理人で終りたくない料理人の生い立ち。

STAFF 187
HÔTEL de MIKUNIで、三国を盛りたてる人たち。

THE TRADERS CONCERNED 191
素材の料理人へ、素材を届ける方たち。

RECIPES 193
三国流の秘密が、わかるかもしれない。

僕は、騎手のいらない競争馬みたいな星の下に生まれたらしい。断言に断言を重ねて、北海道、東京、ヨーロッパ、そして東京と勝負してきたからだ。
僕はフランス料理の世界でフランス人と格闘し、彼らを超えるつもり。
ところで、フランスとスイスで僕の青春は台無しになってしまった。
なにしろ、師と刺し違えようと、8年間もナイフを懐に生きてきたんだから。
彼の地の師、シャペルはクラシック、ジラルデはジャズ。ならば、僕はモーツァルトだ。
僕のつくるソースの味は毎日違う。僕は、日々進歩する気狂いかもしれない。
僕の料理は、空腹と食欲で食べる料理じゃない。
僕はポイント人間だ。大向うを唸らせるツボを知っている。
僕は料理をつくる。だけど「料理人」じゃあ終りたくない。
この世界に浪花節は通用しない。去るものは止めず、来るものも拒まない。
調理場での殴る蹴るはなんでもない。
起き上るのを期待し、それでも徹底的にたたく。僕は力づくのコンダクターだ。
僕は完璧にいい加減な男、だけど料理だけは「良い加減」だ。
成功する秘訣は1回も失敗しないこと。僕は有言実行で成功してきた憶病者だ。
料理人も、そうじゃない人も、死ぬまで100％失敗しちゃいけない。
飾り気のない僕の料理は、一見真似しやすい。しかし、誰にも真似できない。
願望に、念力をかける。
だから、夢はデカイ。こんなレストランの一軒、いつ潰したっていい。
いいスタッフには業界で噂になるようなギャラを出したいし、
週休2日のフランス料理店があってもいいじゃない。それができたら最高。
いつも頑張らなきゃ「俺はミクニだ」って言えない。
それでもとことん追いつめられたら、絶壁から散る。
僕はミーハー。そして、僕はいい経営者だ。
「オテル・ド・ミクニ」を作る時は無一文だった。
僕の担保はカラダだ。最高の担保です。
これからも、僕のケツをたたくのは、僕しかいない。と、思いたいのです。

三国清三

三国清三が、札幌グランドホテルの料理長だった斉藤慶一さんの紹介状を持って私の前に現われたのは、彼が19歳のときだった。

斉藤さんの紹介状には、「三国は身体は小さいが、精神的にはとてもバランスがとれている。私は三国なら必ず立派に成長してくれると思う。だから、彼を徹底的にしごいて欲しい」といった主旨のことが連綿と綴られていた。

斉藤さんの熱の込もった紹介状を手にとった時、私は三国に鍋洗いからさせてみたいと思った。私もレ・セゾンの深沢料理長も、彼には徹底的にキツクあたった。どんなに意欲を持った若者でも、仕事に慣れるに従って、次第にだらけてくるものだが、彼はけっして挫けることはなかった。そればかりか、私が時折調理場に顔を出すと、彼はいつでも料理における彼なりの疑問点を私にぶつけてきた。

だからスイス大使の小木曽さんから、日本大使館のコックの人選を依頼されたとき、私の頭に即座に思い浮かんだのは、三国だった。彼の頑張りは勿論だが、仲間内の評判の良さも私には魅力だった。体力、健康、素直さに加え、なによりも彼は仕事ができた。

三国は、たったひとりでスイスに旅立った。最初は、彼のあまりの若さを不安視していた小木曽大使だったが、その後本当に良い人を紹介してくれたという礼状を何回も頂いた。

私は、三国に「できる限り長くヨーロッパにいること。そして金を残さず、仕事を身体にしみこませて帰ってくること」を約束させた。

帰国後、彼に会う機会はあまりないが、帝国ホテルのお客さんに「どこかいい店を」ときかれるたびに、オテル・ド・ミクニを紹介しているが、そのお客さんからも「良い店を有難う」とよくいわれる。

私が今三国に言えることは、焦るな、ということだ。勢いのあることはよくわかる。しかし、そんな今だからこそ、じっくり精進して勉強を続けて欲しい。

明日につながるオテル・ド・ミクニを育てていくには、ただ猪突猛進するだけでなく、ときには一歩さがってでもジックリ考える時間が必要なのではないだろうか。

村上信夫
帝国ホテル常務取締役総料理長

THE PATRON'S VOICE

北河原公典 <small>東大寺管長</small>
Kiminori Kitagawara

三国清三君と会ったのは全くの偶然だった。それはアラン・シャペルのホテルに泊った時のことで、早朝散歩していてふと厨房の中に一人の日本人を見つけ、それが三国君だったというわけだ。その時の出会いが縁となって、日本へ帰ってからも彼が東大寺を訪ねてくれたり、また一緒にフランス料理を食べに行ったりとおつきあいしている。何の因果か私も料理を作るのが好きで日本料理、特に精進料理に腕をふるっている。フランス料理は、昔、目で食べる、味で食べる、栄養で食べるの三つに分けられていたらしい。日本のフランス料理と本国の料理は大分違うだろうし、現代のフランス料理がいまも三つに分けられているのかどうかは知らない。しかし、私は三国君が日本料理の目で食べる、味で食べることを研究してフランス的材料処理をベースにした新しい世界の料理にまで昇華することを望んでいる。その意味で今回の出版はその昇華への途のワン・ステップであると信じている。

小木曽本雄 <small>元ジュネーブ軍縮委員会大使</small>
Motoo Ogiso

私の目の前に初めて現れた三国君は当時20歳。しかし、その若さに似合わぬ腕をふるい、私の3年9ヶ月のジュネーヴ在勤中、日本の軍縮大使公邸の料理は素晴しいとの評判がたって、私は鼻高々だった。彼を薦めてくれた帝国ホテルの村上コック長の言葉は十二分に現実のものとなったのだ。もっとも私は医者に美食をたしなめられるはめにはなったが。三国君はその後も一段と腕に磨きをかけ、私はなつかしさとともにその冴えを味わっている。

ジャン＝シャルル・ルエール <small>フランス大使館経済商務公使</small>
Jean-Charles Rouher

料理にはシンプルさと複雑さ、風味と無味乾燥、軽みと重さ、創意と平凡、といったものが隠されています。メートル・キュイジニエ三国氏は、フランスと日本両国の洗練された料理の秘密をよく理解され、特にこの度はその真髄をついた書を上梓され、美食と大食の違いを明確なものにされています。それは、古くて新しい日常料理芸術だけでなく科学の世界にも新しい大切な鍵を提言されているにちがいありません。心よりお祝い申し上げます。

ジャン＝クロード・アルベサール <small>トムソン・グループ日本代表</small>
Jean-Claude Albessard

人生において、完璧さというものを会得できることはめったにない。それは、無限の幻影。あるいはパラダイス。
ミロのヴィーナス、フェラーリ、純血種の馬、アンコール・ワットの夕焼け。
またある日の、忘れられぬひととき。
一人の女、親しさのこもった雰囲気、数々の花、行き届いたサービス、完全無欠な料理。
その夜、「オテル・ド・ミクニ」で私は至福の時を堪能した。

百木春夫 <small>株式会社大倉陶園取締役社長</small> Haruo Momoki

三国さんの料理は余韻が旨い。
感動的な音楽や絵画に触れたあとと同じように、ふつふつと心にせまる想いがある。
彼の回りには多才な友人知人がいる。そしてその人達がもつ多彩な感覚を吸収し、増幅させて、新しい時代の料理人の感性を熟成させてゆく。彼の十年先が一段と楽しみである。そんな三国さんの描く絵（料理）にふさわしい額縁（食器）を作ってみたいものだ、といつも思っている。

角川春樹 <small>株式会社角川書店</small> Haruki Kadokawa

三国清三君の料理は、繊細かつ大胆である。フランス料理の規範にとらわれず、全く自由である。それでいて、基本はしっかりと押さえている。十五歳で北海道の原野から、押しかけるようにしてフランス料理の世界に飛び込み、長年スイス、フランスで修業して帰国した三国君の人生が、そのまま料理に出ていると言ってもいいかも知れない。この歳若い果敢な料理人が、今夜はどんな創造をしてくれるか、僕はいつも楽しみにしている。

石川次郎 <small>株式会社マガジンハウス「Tarzan」編集長</small> Jiro Ishikawa

これからは積極的にグルメになる時代です。美味しい料理をただ食べるだけでなく、調理法まで含めてグルメになる。そうして快適な生活をつくっていく時代です。とはいってもプロの世界の方たちがこの時代のスタイルをリードするでしょう。まだ30歳を越えたばかりの三国シェフは、フランス料理や日本料理のトラディッションをしっかり蓄えながら、時代の空気に敏感な方です。だから僕は「オテル・ド・ミクニ」の空間で遊ぶのが好きなのです。

阿部康典 <small>サンケイ新聞編集委員</small> Yasunori Abe

三国氏の料理のコースは客が門の前に立った時から始まっている。石畳、ドアを押して中へ入れば洗練された淡い光、白いテーブル。客の期待を頂点にまで高めておきながら、その期待を十分満足させる料理をだすことのできる三国氏の腕の確かさ。私は「オテル・ド・ミクニ」で、料理が技術としての〝包丁さばき〟ではなく、文化そのものであることをあらためて教えられた。三国氏は料理の神髄に深く迫る文化人である。

西山達海 <small>株式会社博報堂・PR局・ディレクター</small> Tatsumi Nishiyama

外から見ればなんでもない一軒家の屋敷風レストラン。ドアを開ければ、あなたはそこに食べることの喜びの全てを発見するでしょう。「華麗、精致、典雅、艶麗、爛熟、繊細、洗細、自然、素朴、野趣、淡白、美味、絶品、磁味、豊満、峻冷、深淵、澆漓、愉悦、豊饒」なる味の世界を心ゆくまで堪能なさることができるでしょう。それが三国清三氏の世界です。この本の中にもその世界が満ち満ちているかと思うと心が踊ります。

THE PATRON'S VOICE

愛知良一 *Ryoichi Aichi*

花のない食卓。壁にはミクニを抽象化した油絵一枚。そしてコーナーには巨大な花活けに見事な花が美しい。私が初めて「オテル・ド・ミクニ」を訪れた時、三国氏が単なる名料理人だけではないことに驚いた。それらはすべて料理への芸術的演出である。彼の長年の料理への執念が一つ一つの皿に集結され美味しい花となって食卓の上で開花していた。彼の処女作が彼の芸術的センスの真髄を語ってくれるだろう。

平允子 *Nobuko Taira*

ニューヨークなら「サイン・オブ・ザ・ダーヴ」、パリなら「トゥール・ダルジャン」。友人知人とのおつきあいを理由に食べ歩いていますが、東京なら「オテル・ド・ミクニ」です。私は人任せのオーダーはしませんが、ここでは全部シェフにお任せします。きめ細やかさが奥ゆかしく隠されていて、タイニーでヴァラエティのある料理、その上とても自然なタイミングでサーヴされる一皿一皿。それでいつもつい食べ過ぎてしまうのが「オテル・ド・ミクニ」です。

戸塚述恵 *Nobue Totsuka*

「僕にあるのはこの二本の腕だけです。」
これが独立の相談にみえた三国氏の第一声だった。か細い体に眼だけが強烈に光る。
偶然出あった一皿の料理。その感動から産まれた友情(?)だが、徒手空拳にも等しい状態からの出発に、協力は難しかった。それを可能にしたのは、氏の作品に物語を感じた方々の好意と素晴らしい仲間たちである。念ずれば花開く、華麗な龍華の花を咲かすべく、今後の精進を心楽しく期待したい。

萬 眞智子 エディター *Machiko Yorozu*

虚心の人である。天賦の感性がある。彼の目は驚くほど物の本質を素直に見つめてしまう。美意識は確かである。そして彼の言葉で表現する素朴な人である。固定観念を持つことなく、柔軟で幅のある思考が彼の許容量を大きくしている。だが、決して妥協はしない意志強固な人である。旺盛なる向上心は常に挑戦を試みる。
――これがミクニ・キヨミの料理に無限なる奥行を期待する所以である。

高木重朗 国立国会図書館主査 *Shigeo Takagi*

私は三国さんが帰国して「ビストロ・サカナザ」のシェフをしていた頃からのファンである。もう数えきれない程通ったが、いまだに三国さんの得意技が何だかわからない。というのも、一度として同じものを味わったことがないからである。二日続けてコースを食べても、味は全部違う。毎回、今日は何だろうと大きな期待をかけて御馳走になりに行っている。そして、その度に、三国さんの既成概念を破った素材の使い方に驚かされている。

相田利隆 _{弁護士} _Toshitaka Aida_

「ロニョンをレアで、'76年ル・コルトンの赤をベースにソースを!」と注文、秘かに勝負を挑み続けて〝十番〟目。出てきた皿、見事なアルモニー……。負けました。六番勝負の「あん肝と'81年エルミタージュ白」で薄々敗北は覚悟してましたがネ。以来私めは全くオマカセなのでありマス。最近はポルトやマデイラの加減も絶妙でご気嫌です。〝シャープ〟これがシェフの命。これが無ければタダの人。一層磨きをかけて下さい。頼みますョ。

永坂慎一郎 _{「浜慎」主人} _Shinichiro Nagasaka_

三国さんと私とは、洋食と和食というそれぞれ異る職域に属し、その意とするところも別々であるが、三国さんの職に対する情熱は旺盛なもので、その意味で尊敬に値いすると思っている。その三国さんがこのたび自らの食の道を上梓されると聞くに及んで、さぞかしその旺盛な研鑽と努力の結果を披露してくれるに違いないと思った。スイス仕込みの食通談議と秘めた味への思いやりが、また新たな料理を運んでくれるよう望んでいる。

高橋陽江 _{「紅や」主人} _Yoko Takahashi_

「食」の世界が変った。
ミクニの五感で作り出される料理。そこには、間違いなく新進気鋭の30代ならではの「モダン」がある。
クラシックなフランス料理を基本に、日本の風土と素材にあわせて、ミクニの感性が煌く。
ひと昔前までの年功序列制度から妨げられる事も無く、創造性と食べごたえのあるテクニックの成果。
「おいしー」「おいしー」と食せば、食卓も又、楽し……。

LA CUISINE

素材は、僕だ。
20種類を120のお皿の上で、ストーリーにする。

Tomate

トマト

　スイスのジラルデという当代切っての料理人が、実に多様にトマトを使うのを見て〝トマトってものは、こんなに軽くて爽やかで風味があり、鮮やかな色合いを持つものなのか〟と驚かされ、感動した。日本で、それまで経験してきたトマトというものは、それほど香りも旨みもない水っぽいものだったり、くどくて甘いソースとしてのトマトだったりしたものだから、太陽の光りを充分に吸収して完熟した南フランスやイタリアなどのトマトにオリーブ油や香草類でアクセントをつけただけ、というような感覚が日本人に育たないのは無理からぬことだろう。このトマト、料理に使ったからといって、その料理が飛躍的に旨くなる、というものでもない。いわばふんわりとしたニュアンスを楽しむという感覚だろうか。口の中に爽やかさとタイムやエストラゴンといった香草の風味がふっと残る。食べる人にそんな印象が残れば成功といっていいだろう。これでもか、これでもかという強いソースだけでなく、こんな味覚を楽しむことができるものもフランス料理の豊かさといえる。ただ残念ながら今の日本では、このトマトを使ってこの魚を料理してみたい、と思わせるほどのトマトは手元に届かない。無理をして使ってみても水っぽさだけが残ったりしかねないから、僕はトマトをミキサーにかけて裏ごしにのせ、水分をきった上でその香りを生かすようにしている。水っぽさを切るために火にかけて水分を飛ばすという考え方もあるが、それではトマトの新鮮さ、爽やかさが失われてしまうと思うから。

Consommé de Tomate

*A simple consommé made elegant
with the addition
of diamond-shaped carrots,
celery and leeks.*

トマトのコンソメ：こんなコンソメ、飲んだことありますか。トマトの好きな人だって、初体験の人が多いはず。
ダイヤ型の人参やセロリが、お洒落してます。

Terrine de Tomate Rôtie à l'Huile d'Olive et aux Ciboulettes

*What better way to compliment a tomato than
with a tomato and olive oil sauce?
The fragrance of
basil rises up in salutation.*

トマトのテリーヌ：同じトーンながら、濃淡と縞、そして線だけの世界が、
テーブルの上から現代人に語りかける。

Mousse de Tomate Sauce Kiwi

*The natural sweetness
of the kiwi sauce is played off against the slightly
tart mousse creating a contrast
of taste to match the contrast of colors.*

トマトのムース：泡だてたクリームが、たっぷりと入ったムース。
キィウィのソースとの素材同志の新鮮な妙が、新鮮な感動。

Salade de Tomate au Thym

*More than just a tomato salad,
this dish delights
one's sense of smell
with the aroma of fresh thyme.*

トマトのサラダ：ただのトマトの輪切りが、ただものじゃなくなる。
6種類のエキスが混じりあって、口のなかに絶妙がひろがる。

Dôme de Deux Tomates

A work of modern art disguises a traditional flavor.
Half of a red tomato
is carefully placed in the puree of
a yellow tomato. Simple, concentric beauty.

黄色いトマトのジュレと赤いトマト：モダンアート風を楽しみながら、
しかし、オーソドックスな味わいもまた楽し。

Tomate Farcie au Riz Sauvage

A mixture of wild rice,
bacon and rosemary doubles as
a base and a filling
for this tomato.

トマトのファルシ：ついつい中に、なにかを詰めたくなるトマト。

トマトの宝庫、プロヴァンスには、トマトの詰めもの料理が何百もある。でも、これはない。

Poivron

ピーマン

　ピーマンが一世を風靡している。ピーマンといえば緑色のもの、と誰もが思っていた時代にはこんなことはなかった。少なくとも料理の主役にピーマンが登場することなど考えられなかった。それが、主役として登場するキッカケとなったのは、赤ピーマンが日本でも入手できるようになってからだろう。肉厚で甘みを含む赤ピーマンは、その色合いを含めて魅力的な素材だったからだ。もうひとつ、この赤ピーマンを使ったムースが、フランスで大流行したことも影響している。厳密に誰が最初に始めたのかは知らないが、たとえばパリの「ヴィヴァロワ」で主人のペローが、コンソメゼリーで赤ピーマンを煮て、泡立てたクリームを加え、赤ピーマンのバヴァロワを作り、スペシャリテとして世の喝采をあびていたことは確かである。僕自身も、そのペローの弟子で、これまたパリで人気を博しているベルナール・パコーが来日した際、その赤ピーマンのバヴァロワのパコー風を食べて感動したことを覚えている。今や日本では、この赤ピーマンのムースを料理人が競って作るようになった。これは単に流行だけとはいいきれまい。それだけ赤ピーマンに幅広い素材としての魅力があったということだろう。料理全体の中で、この赤ピーマンのような淡い味は、得がたいもので僕は好きだ。はっきりした旨さもいいが、複雑で淡く微妙な味、目でも歯でもなく、フーッと大脳で感じるような旨さも、料理の中には必要なことだと思う。洗練とは、そういうことをいうのだろう。赤ピーマン、そして最近出回り始めた黄ピーマンには、それがある。

Mousse de Poivron Vert

*An enchanted mousse of green bell peppers and
onions is formed into egg-shaped mounds
and placed in a sauce of puréed bell peppers,
white wine, and leaks.*

緑ピーマンのバヴァロワ：かの赤ピーマンのムースに僕も挑戦。
口の中で広がる香りと甘み、その淡い味わいは、僕がもっとも得意とする世界だ。

Poivron Farci aux Maquereaux et Citrons Verts

*Slices of yellow grapefruit encircle
a slice of red pepper
stuffed with a mousse of mackerel.*

赤ピーマンのファルシ：太陽の陽をあびるテラスで食事を始めるには、こんな料理がいい。
赤ピーマンに、クレーム・フエッテとライムで味つけしたさばのムースを詰めた。

Crudités de Trois Poivrons

*A colorful mosic of sliced red,
yellow and green peppers
sans dressing to be enjoyed as one pleases.*

ピーマンのサラダ：題して〝百年の色〟。赤、黄、緑の3色のピーマンを輪切りにしただけで、
こんなにシャレたクリュディテ（生野菜の取り合わせ）になる。

***Poivrons Rouges Rôtis aux Basilics
et à l'Huile d'Olive***

*A single baked red pepper sits
in a pool of olive oil,
garlic and basil. Delicious simplicity.*

赤ピーマンのロティ：ぐちゃっとつぶれた赤ピーマンが、いかにもうまそう。
オーブンで焼いて、オリーブ油とバジリコ風味でシンプルな一皿。

青っぽい香りは、冷製だけでなく温製スープでも堪能できる。

Poivrons Verts à la Parmentière aux Cerfeuils

This cool refreshing potage of green peppers
is perfect for any summer day.
Served cold with a ring of fresh cream.

緑ピーマンの冷製ポタージュ：ピーマン独特のニュアンスを楽しむ、オシャレなスープ。
青っぽい香りは、冷製だけでなく温製スープでも堪能できる。

Terrine de Poivrons Jaunes

*Slices of yellow pepper are carefully stacked one
upon the other to form this terrine.
A sauce of puréed yellow peppers, onion and
olive oil forms a halo around the terrine.*

黄色のピーマンのテリーヌ：悶絶の世界。ピーマンに火を入れて型に詰めこんだだけで、
これだけの表情が出る。切っただけでは感じられないピーマンのニュアンスがある。

Champignon

きのこ

きのこには虫がつきもの。そこで、旨いきのこなら虫が喰うのが当り前で、そこは削って残りをそのまま使う、というのがフランス人。彼らはきのこを洗って使おうなどとは思わない。ところが、日本人は虫が喰っているものは捨てろ、と言う。もし虫が喰っていなかったにしろ、充分に洗ってから使う。この違いは野菜でも果物でも同じで、フランス人というのは水洗いなんかほとんどせず、せいぜい泥を取るくらい。一方日本人ならきれいに水洗いするし、もしアメリカ人なら、さらに水洗いに精力を傾けるだろうと思う。どちらがいい、とは言えないだろう。それぞれの民族が慣れてきたことを表現するしかないし、それぞれに旨さの表現というものがあると思うから。第一、きのこの季節になれば、フランス人ならまずトリュフを憶い出すだろうし、日本人ならやはり松茸だろう。僕たち日本人が、秋になれば松茸やしめじ、舞茸などを使おうと思うのは自然なことだ。それと同時に、トリュフの香りとおいしさも日本の人に味わってもらいたい、と思うのも僕たちフランス料理人。その両方を素直に表現すればいい、と思う。きのこは、エシャロットとニンニクと一緒にさっと炒めて仕上げにレモン汁をふる。これが定石のようなもの。特にニンニクは、きのこと一緒に炒めるときのこの味を2倍にも3倍にもおいしくする。ところで、炒めて香りの出る素材というのは煮込んでも絶対に旨い。これは僕の経験として原則的な感覚だ。僕はこの感覚に従って、瞬間的に素材に向い、炒めるなり煮込むなりを考える。そして調理していって、うん、来たな！と思った瞬間に仕上げる。もう少し、と思ったらさらに何かを加える。感性というのは十二分に訓練した人間が経験の上に築きあげたものをベースに、ふっと出していくものだと思う。これができるには、やはり才能が必要でしょう。素材でも、トリュフをふんだんに使った経験の中から、今トリュフを使うかどうかを判断し、さらに日本の香りあるきのこにも挑戦していく。これが僕の料理だと思う。

Fricassée de Chanterelle et Sa Garniture

*Yellow chanterelle mushrooms
are a double treat sautéed in shallots,
garlic and white wine
then served as a flan and as they are.*

シャントレルのフラン：ちょっと新しい黄色いきのこ。この新しさを2つの調理法で、しかも、
1つのお皿で楽しんでもらいたい、という料理人の新素材紹介術。

Champignons Marinés en Vinaigrette aux Cerfeuils

*A festive assortment of three different kinds of
mushrooms in a dressing of
walnut oil, lemon, and pepper. An sprig of chevil enhances
an already aromatic delicacy.*

きのこのフレッシュ・マリネ：きのこのマリネは、香りのマリネ。シャンピニョン、シャントレル、ジロールが、3つの香りを競い合う。

Compote de Champignons au Porto

*A collage of four varieties of mushroom
are as pleasing to the eye
as to the palate. A sweet and tart sauce with
Madeira completes the presentation.*

きのこのテリーヌ：数種類のきのこのギュウギュウ詰め。食べておいしいから、
切った断面を見ても面白い、という料理の鉄則が生きている。

Terrine de Trois Champignons

*The purée of three different mushrooms
are placed into a terrine
to form this tricolor slice. An impromptu salute to
the country which inspired it.*

三色のきのこのテリーヌ：どうして、三層のピュレがくっつくのか。答えは、
層ごとに火を入れる昔からの知恵と料理人のウデの冴え。

Consommé de MAITAKE

*A fusion of French and Japanese traditions
can be seen in this simple
consummé made exotic with the addition of
Japanese maitake mushrooms.*

舞茸の含め煮：きのこを上手に煮含める日本料理の応用。
そう、コンソメで舞茸を仕上げたフランス風の含め煮。椎茸、ジロールでも美味。

Sauté de Champignons des Bois aux Ciboulettes

*A robust dish of a variety of
mushrooms sautéed in garlic, shallots and butter beckons
with the scent of chervil,
estragon, parsley and japanese asatsuki.*

きのこのソテー：きのこは、ニンニクと一緒にさっとソテーするのが、旨い。
こういったシンプルな料理こそ、唸らせなくてはならない。ソテーしてる瞬間が、勝負。

Poireau

ポワロー

　ポワロー（ポロ葱）という野菜には、ポトフーや、ジャガイモなどをグツグツ煮込んだポタージュを作る時の素材、という家庭的なイメージがある。しかし、その素顔は、意外に淡く繊細な風味を持ったデリケートな葱で、使い方ひとつで、とても変化に富むおしゃれな野菜に変身させることもできる。というのも、このポワロー、ひとつの素材の中に三つの色を持っている。純白の部分から淡い黄色、そして黄緑から深緑にいたる微妙な色合いを楽しめるのがこの葱の特徴だろう。つまり、たった一本のポワローを色合いで使い分けることによって、まったく表情の違う料理に仕立てることができるわけなのだ。もちろん色合いが違えば各々の持つ性質も違うのだから、三つの色や風味の変化と味の違いを、ひとつのポワローで体験できるというわけだ。さっとゆでてコリコリという歯ごたえを楽しんでもいいし、充分に熱を加えてしっとりさせたポワローも旨い。このように、ポワローも火の加え方によっても違う味わい方ができる。もう少し実際の例を見てみよう。それぞれの色の部分をダイヤ型に切ってスープの浮き身にし、その色合いを楽しむのもいいし、細長く切って白いソースの中に入れると、とても現代的な表情のソースに仕上る。クリーム煮にして、ペリゴールの女王、トリュフと付け合わせると豪華な逸品にもなる。このように、現代の料理に欠かすことのできないニュアンスを持った野菜が、ポワローというわけなのだ。1970年代に入ってフランスのシェフたちがこのポワローの魅力にとりつかれたのも、そんな理由によるのだろう。今回使ったポワローは浜松西農協で作っている若い早取りのポワローだが、一本のままでも使えるし、風味もよいので、実に重宝している。日本のフランス料理にとって、このポワローは欠かすことのできない野菜といえるだろう。

Poireau en Gelée

A simple celebration of the leek in the shape of a terrine.
A dressing of walnut oil,
wine vinegar and three-color japanese pepper
completes the work.

ポワローのゼリー寄せ：いつの時代も葱は葱でしかない。しかし、今の時代が求めているのは、こんな調理法と盛り付けだ。
ポワローだけで、これだけの世界が表現できることをアピールしたい。

Poireau Parmentier aux SAWAGANI

*What better place for
a tiny marsh crab to be, than lost
in a sea of creamy leek
and potato potage?*

ポワローのポタージュ：じゃがいもとポワローの青くささの調和。

カラッと揚げたサワガニのデリケートな風味と伝統的なポタージュ。フッと抜ける感じが、いい。

Jeune Poireau aux Oeufs de Caille

*A single chilled leek holds back the advance of
three quail eggs as
they make their way through a sauce of
blended leeks, olive oil and sherry.*

ポワローの姿煮とうずらの卵:日曜の朝、こんなフライドエッグは、いかが。一本の煮たポワローと
ピリッと酸味のきいたピュレのポワローとを同時に味わって、眠りをさます。

Oeufs à la Neige aux Juliennes de Poireaux

*An unusual creation of a poached egg
white topped with leeks and
surrounded by sea urchin roe. The sauce is a blend of butter,
lemon and sea urchin roe.*

ポワローのネージュ風うにソース：ポワローの香りのする泡雪卵に、うにの香り。
口のなかでフワッと溶ける感じを楽しむ、とても軽い料理。

Petite Soufflée Légère Sauce Poireau

*A rich soufflé of leeks
and poached bass
in a sauce beurre blanc enfused with purée of
leek and onion.*

ポワローと魚のスフレ白ソース：口のなかにスフレを入れると、すずき、ポワローが舌に触れ、ちょっと意外な感じ。そして、魚のエキスでアクセント。それぞれの素材が、ソッと自分の存在を主張している。

Jeune Poireau et MATSUTAKE Frit au Gratin

*The rich aroma of a matsutake mushroom arises from its bed of
creamy sabayon sauce enlivened by puree of leek.
A gratin in reverse, the sauce is browned before the leeks
and mushrooms are placed upon it.*

ポワローのグラタン:松茸はパリパリと香りを出し、ポワローはしんなりと淡い味わい。
そして、香ばしいソースを下に敷いてグラタンとし、口のなかですべてを楽しむ。

Ris de veau

リ・ド・ヴォー

内臓類は鮮度が生命。リ・ド・ヴォー（仔牛の胸腺肉）もピンク色がかった良質のものなら、余分な下処理をせずにそのまま調理する。しかし質が並であったり、冷凍品を使う場合には、一度下ゆでしてから重しをする、という下処理が必要となる。さらにハムとかベーコンでピケ（刺し込む）したりして風味をつけることも考えなければならない。このリ・ド・ヴォーが日本でもよく使われ始めたのは、何といっても他の内臓と違って料理人が調理しやすいからだろう。たとえば、カシス風味にすることだって可能で、これはロニョン（腎臓）などでは考えられないことだ。料理人が、その時の料理のバランスでロティールしようとか、フォン・ド・ヴォー（仔牛のだし汁）と煮込もうとか、あるいはカシス風味にしようとか考えることのできる素材であるわけだ。というのも、それ自体がすごく個性が強くておいしい、というものではないから、他の何かとの調和でおいしく感じさせることができる。つまり技巧によって食べさせることがかなりできる素材がリ・ド・ヴォーだ、ということになるだろう。最近一番目につく使い方は、温いサラダにこのリ・ド・ヴォーをカリカリに焼いたものだが、このようにリ・ド・ヴォーは焼ききる、つまり充分に火を加えた方がおいしい素材といえるだろう。煮込む時などに、場合によっては脂肪を補ってやる必要もあるだろうが、良質のリ・ド・ヴォーなら、そんな心配はない。淡白で、しかもねっとりとしたリ・ド・ヴォー独特の味、舌触りは貴重なものなのだから。

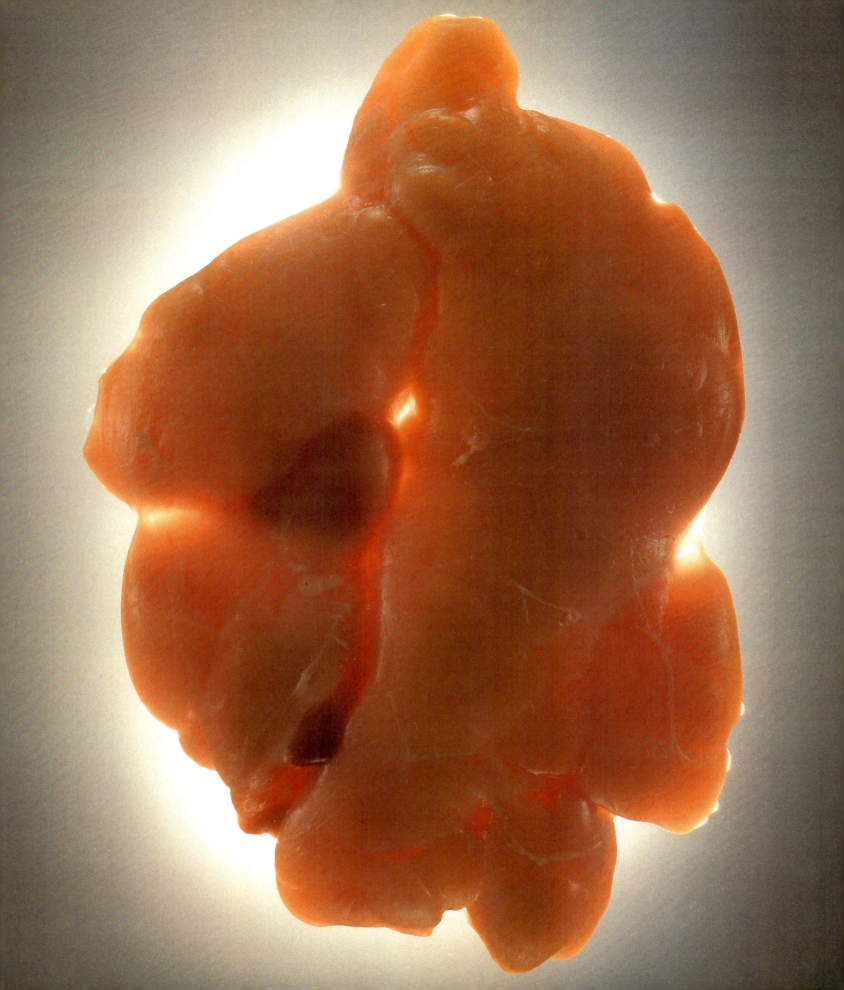

Noix de Ris de Veau à la Meunière aux Cassis

*Spinach sautéed in butter and garlic encloses a small mound of
the lymph glands of veal.
The sauce is an exciting mixture of creme de cassis,
port and Madeira topped with slices of lime and cassis berries.*

リ・ド・ヴォーのカシス風味、ほうれん草添え：まず、脂っぽいリ・ド・ヴォーが口に入り、二番目の野菜で調和し、ソースが全体を包む。素材、野菜、ソースの三重奏。

Marbré de Ris de Veau aux Persil Italienne en Vinaigrette

*A terrine of the lymph glands of
veal is flavored with Madeira and port
then framed by
three refreshing pools of vinaigrette.*

大理石模様のリ・ド・ヴォー：いい加減ではなくて、「良い加減」を代表するひと皿。イタリアン・パセリの風味は絶対なのだけど、生がいいのか、フライがいいのか、そこらへんが「良い加減」。

Salade de Ris de Veau Frit aux Mâches

*Deep fried and then laid upon an animated sauce of
shallots, garlic, Madeira and port,
these morsels of veal lymph glands are heavenly.
Japanese shiitake mushrooms are the top hats.*

リ・ド・ヴォーとマーシュのサラダ：リ・ド・ヴォーで教えられたのは、カリッと焼くこと。
ひと口大の〝カリッ〟とマーシュの〝トロッ〟が、溶けあう旨さ。

Rondelle de Ris de Veau en Croûte de Feuille d'Epinard

*Two halves of a lymph of veal cloaked in spinach
lie in a creamy beurre batu sauce
invigorated with
a dash of wine vinegar.*

リ・ド・ヴォーのほうれん草包み、ソース・オー・ヴィネーグル：丸く形を整えたリ・ド・ヴォーを、下ゆでした
ほうれん草で包み、そして蒸す。ソースのアクセントは、フォン・ド・ヴォー。

***Noix de Ris de Veau Rôti à la Mignonette
et aux Ciboulettes hachées***

*A provocative pepper sauce smothers
these lymph glands of
veal promising an engaging experience.*

リ・ド・ヴォーの胡椒風味：ミニョネット(胡椒をつぶしたもの)が、口のなかでパニックをおこす。
大爆発が大好きな人の、大切なひと皿。

Ragoût de Ris de Veau et aux Cèpes

*Bite-sized morsels of the lymph glands of
veal are simmered in a
broth of fond blanc and fond de veau then laid to rest among a
scattering of lamb's lettuce.*

リ・ド・ヴォーと椎茸の煮込み：椎茸を甘く煮込んで、香りも残し、リ・ド・ヴォーと、さっと和える。
四角と丸が、味と視覚のアクセント。

Ecrevisse

エクルヴィス

日本で車エビを賞味するように、フランスではエクルヴィスが欠かすことのできない材料のひとつである。日本でもヨーロッパなどからエクルヴィスを輸入しているようだが、入手できるものの大部分はいわゆるアメリカザリガニと呼ばれているもので、これは僕がヨーロッパで経験してきたエクルヴィスとは味も風味も、すべてが違うような気がする。もっとも、フランスでも、かつてのように近くの川でエクルヴィスが獲れる、というような時代ではなくなったようだけれど。ところで、日本のアメリカザリガニの最大の欠点は、泥臭い、ということだろう。1～2日水の中で泳がさなければならない。できればフランスのように殻を使っておいしいソースに仕立てたいと思うけれど、日本産エクルヴィスでは残念ながらそれは断念せざるを得ないようだ。だから、ソース・ナンチュアという、エクルヴィスの殻を使った極めつきのソースも、やはりあきらめなければならない。フランスのレストランだったら、テーブルの上に、水と白ブドウ酒、それに香草で短時間に作ったクール・ブイヨンと呼ばれるだし汁でゆでただけのア・ラ・ナージュと呼ばれるエクルヴィス料理をどっさり運んでもらって、その身にくらいつき、残った頭部や殻を調理場に返してスープに仕立て直してもらい、再びエクルヴィスの旨さを堪能する、というような楽しみも、日本では無理ということになる。ではどうしたらいいのか。結局エクルヴィスそのもののおいしさを食べるというよりは、たとえばオマールでとったソース・アメリケーヌといった他の旨さに助けてもらって一緒に楽しむ、というのが賢明だ、ということになる。そんなんじゃ使う意味がない、と言う人もいるだろうが、そこはせめてフランス流においしく仕立てる技術でエクルヴィスを食べる、というフランス料理の文化の香りを味わう、そう考えればいいのではないか、と僕は思う。

Ecrevisse à la Menthe aux Petits Pois

*The refreshing aroma of
mint is combined with japanese cha-mame beans
to compliment crayfish
in a rich beurre batu sauce.*

エクルヴィスとミントの茶豆あえ：エキスにあふれた完成度の高いソースのおかげで、
日本のエクルヴィスも、口のなかで踊りだす。

Gratin de Queues d'Ecrevisses aux Fraise des Bois et Pistaches

*The classic French gratin
undergoes a delightful transformation when crayfish
become the focal point.
Pistachios and wild strawberries compliment color and taste.*

エクルヴィスのグラタン、赤いフルーツ添え：ピスターシュとフレーズ・デ・ボワ（エゾヘビイチゴ）で
アクセントをつけた、クラシックなフランス料理。

Brochette d'Ecrevisses Grillées aux Herbettes

*These crayfish are parboiled in court-bouillon broth before being
skewered and chilled, then treated to
a sauce of walnut oil, red wine vinegar and shallots.
Use all ten fingers, please.*

エクルヴィスと魚のブロシェット：麗しきご婦人であろうとも、エクルヴィスだけは、手づかみでバリバリと

やっつけていただきたい。残った頭や殻で、ポタージュを要求すると、さらに素敵。

Savarin d'Ecrevisses aux Cerfeuils et Romarins

*A mousse of crayfish is served warm
in a sea of olive oil,
lemon juice, and corriander,
then sprinkled with bits of tomato.*

エクルヴィスのムース（温製）：帆立貝の甘みを拝借してムースを作り、オリーブ油にレモン汁をピリッときかせたもの。ほのかな風合が、身上。

Dôme d'Ecrevisses

*Doubled over in delight, these crayfish are enclosed in
a lemony creme fouettee.
A cluster of salmon roe lies double-encircled within
the crayfish and a ring of olive oil.*

エクルヴィスのお菓子仕立て：フランス風の紋章が、オリーブ油の海に浮かぶ。
なかなか神秘的なイメージ。

Fricassée d'Ecrevisses à l'Orange

*Shelled crayfish lie scattered in a sauce of
sweet oranges and tangy lemon juice
blended with butter.
Garnished with japanese asatsuki.*

エクルヴィスのオレンジ風味：オレンジの果汁を煮つめ、バターでつないだだけの甘酸っぱく、軽いソース。
エクルヴィスのフリカッセが、生き生きとするソース。

Crevette

車エビ

エクルヴィスがフランス料理の中で持っている存在感を日本に置き換えるなら、それに匹敵するのは車エビだろう。活きた車エビをさっとポシェ(ゆでる)して殻をむいた時の身の弾力は、見るからにプクッとふくれたその外観で分かるというもの。口に入れると歯ごたえがあり、キュッとしまる。しかも才巻エビから車エビまで、大きさによって微妙にニュアンスが違うのも車エビだ。たとえば、フリカッセのように煮込むなら才巻エビがいいだろう。あるいはブイヨン・ド・レギュームでさっとポシェして、そのまま煮含めておいても、みずみずしい味と歯ごたえを残している。また、グリエにするなら車エビだろう。日本の遠浅の海で育った車エビは、グリエにすると、香りといい身の張りといい申し分ない。いずれにしろ日本人は車エビに関して相当舌が肥えているから、ちょっとやそっとの車エビでは喜んでもらえない。何が必要か。いかに食べる直前まで活かしておき、調理したてを出すか、ということに尽きるだろう。あとは旨みの出し方である。たとえばエビが持つ独特なエグ味。せっかくエビを調理するのに、エビ特有のクセを取り除いてしまっては意味がない。そのクセを旨みに転化させる技術、感覚が必要となる。「アクも力なり」という日本料理人の言葉を聞いたことがあるが、車エビとて同じ。いかにエグ味を旨みにすり変えるか。それには素材の持つ本質を見極める力が必要となってくる。素材と語り合うということは、相手のプラスとマイナスをその顔から判断して、それぞれをバランスよく、ある時は促進させ、ある時は抑制する、ということである。一尾の車エビの顔を見つめるところから料理が始まる、といっても過言ではない。

Trois Crevettes à la Crème de Romarin

*Three poached prawns joyfully dance
their way through a rich sauce
beurre blanc seasoned to perfection with rosemary.*

車エビのローズマリー風味：みずみずしい味と歯ごたえのある才巻エビのトリオ。
ローズマリー風味の洗礼をうけてさながら若き貴公子。

Crevettes Poêlées à l'Américaine

*Two crispy pan-fried shrimp
are covered in a tangy sauce Américaine.
Use your hands, please.*

車エビのアメリケーヌ：こんなにオイシイ車エビの料理、そうはないと思う。焼いた車エビを
バリバリと齧じり、ソースはオマールでとったきわめつけの《ソース・アメリケーヌ》。

*Fricassée de Petites Crevettes
aux Endives Amères*

*A tossed treat of shrimp and endive in
a light sauce of butter,
buillon de legume and lime juice.*

車エビとアンディーヴ：才巻エビのフリカッセには、ちょっとにがいアンディーヴがぴったり。
ライム・ジュースで煮込んだソースはオシャレな風味。

*Crevettes pochées avec Purée de Pomme
de Terre au Basilic*

Two chilled prawns rest on a bed of potato purée
blended with basil and garlic
then encircled by a ring of olive oil.

車エビとじゃがいものピュレ：活きた車エビは、ポシェして殻をむかれると、こんなに赤く、
こんなに艶っぽい。枕はバジリコ風味のじゃがいものピュレ。

Consommé de Caviar à la Crevette

*A butterflied prawn spreads its wings
over a sea of caviar
in a consommé gelée garnished with cerfeuil.*

車エビのジュレのキャビア添え：キャビアのコンソメの海を飛ぶ飛行機か？あるいは、立派なヒゲか？
贅沢に素材をデザインしたイメージの一品。

Crevettes Frites aux Haricots Verts

*Flash-fried shrimp lie upon
a lattice of string beans.
A stimulating sauce of butter, port and Madeira
provides the finishing touch.*

車エビのフライ、ポルト酒風味：車エビはシンプルな調理法が一番うまい。いんげんの網の上に、殻つきのままぶつ切りにしてカラッと揚げた車エビ。

Coquille Saint-Jacques

帆立貝

帆立貝が移動する姿を見たことがあるだろうか。まだの方は一度水族館の帆立貝の前でじっと見つめていただきたい。およそ外見からは想像できない勢いでピュッと移動するのである。これが広くきれいな海ならどうだろう。そこで毎日ピュッ、ピュッと移動している帆立貝の貝柱が、旨くないはずがない。まず筋肉がしまっているから、食べてここちよい歯ごたえがある。次に嚙みしめると、ジワーっとジュースが出てくる。甘く、香りのある旨み。こんな帆立貝なら、生で食べてももちろん結構だがぜひグリエにして食べたいものだ。キュッとしまり、香ばしく焼けた帆立貝は最高である。僕が増毛で育った少年時代、オホーツク海で獲れる帆立貝は、そんな帆立貝だった。そして、きれいな海で育っているからコライユ（内臓）も実に旨かった。だから今でもオホーツクから帆立貝を引いている。ところが残念なことに日本の海は汚れてしまっているので、コライユまではちょっと無理。よほど内まできれいに洗わないと食べられない。それでも、青森、北海道と東京に入荷する帆立貝は、そう悪くない。火を入れすぎないように、セニャンで、シンプルに。これが帆立貝の料理の基本である。

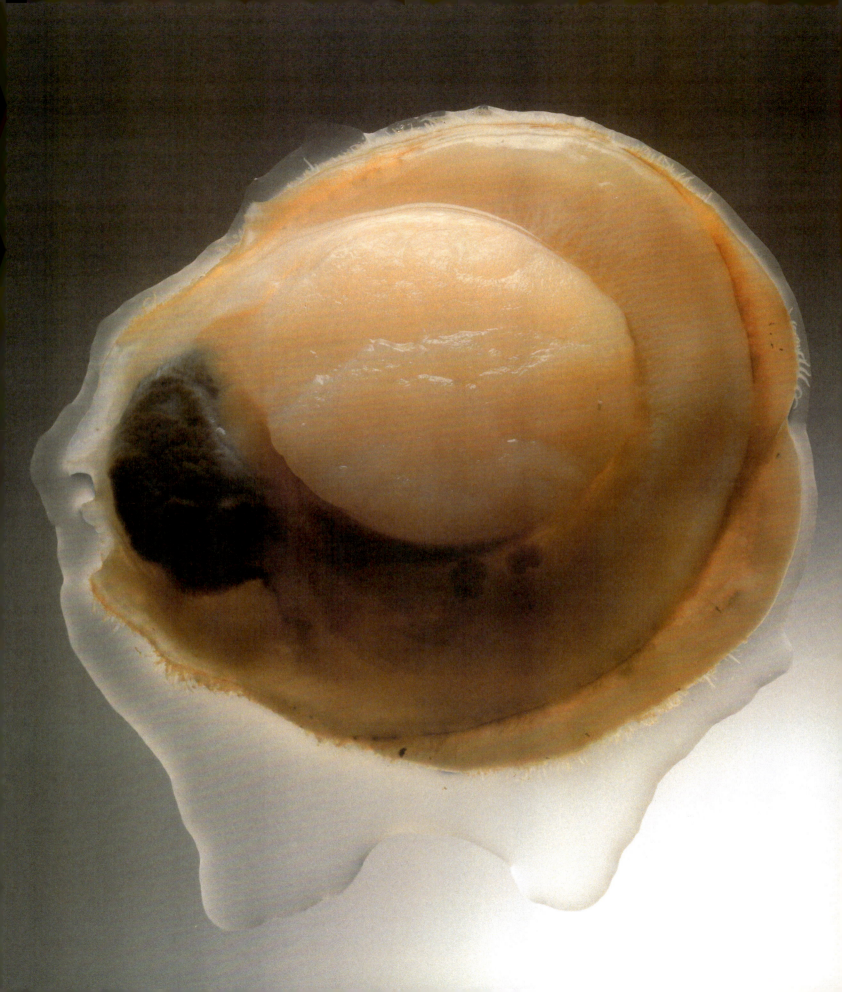

Gratin de Coquille Saint-Jacques au Thym

*An almost sinfully rich gratin of
thinly sliced scallops
topped off with a sprig of thyme.*

帆立貝のグラタン（殻つき）：フワァーと香ばしく焼き上った帆立貝、タイムでアクセント。
グラタンといえども、火加減はあくまでセニャン。

Choux Farcis de Coquille Saint-Jacques au Caviar

Wrapped in cabbage leaves, three baked scallops
lie under a crown of caviar.
A creamy white sauce
is enlivened with cayenne pepper.

帆立貝のキャベツ包みキャビア添え：我が師ジラルデのスペシャリテからそのイメージをもらった一皿。
淡白でジューシーなキャベツ包みに、キャビアが光る。

*Coquille Saint-Jacques à la Citronnette
aux Mousse de Petits Pois*

*Grilled scallops topped with corriander and
lemon juice stand guarded by
three alluring mounds of green pea mousse.*

帆立貝のグリエとグリンピースのピュレ：帆立貝のグリエのおいしさは誰でも知っている。
レモン汁のさわやかさ、さらにグリンピースの甘味を添えた逸品。

Raviolis de Coquille Saint-Jacques aux Cèpes

*A truely inspired creation of scallops,
matsukate mushrooms and garlic wrapped up as ravioli.
An aromatic sauce of the juice of
truffles, butter and shallots tickles the palate.*

帆立貝のラビオリ：たまにはちょっと目先の変った料理もいい。帆立貝を薄く切って
ラビオリの皮に見立て、中にセープ茸を入れ、セルフィーユがアクセント。

Coquille Saint-Jacques Grillée à la Provençale

*A tomato sauce enriched with generous additions of
garlic and rosemary provides
the perfect home for a grilled scallop.*

帆立貝のプロヴァンサル：スタンダードにはスタンダードの輝きがある。トマトとオリーブを添え、香草風味で焼きたての帆立貝を食す。料理の合い間の一品、あるいはアミューズ・グール（先付）。

Petits Dés de Coquille Saint-Jacques Sauce au Vin Rouge

*A finely chopped scallop sautéed in garlic,
shallots and thyme forms
the centerpiece for three pieces of squid.
A rich red wine sauce embraces all.*

帆立貝の小口切りとやりいかの赤ワインソース:一つの皿の上には無言の物語がある。帆立貝とやりいか、淡い味とこってりしたソース、熱帯の香辛料。料理人の仕事は彼らの閉ざされた口を開くこと。

Homard

オマール

気高きオマール。オマールはすべてのエビ類の中の貴婦人である。特にブルターニュ産のオマールの旨さといったら他の土地のそれを圧して旨い。身がしまり、甘く、香りもよく……あの大きな爪からスルリと抜き出した身(pince de homard)を口にふくむや、プリッとした歯ごたえと、口中に広がる香りと甘みのすばらしさ……といっても残念ながら日本では手に入らない。フランスでも昨今はなかなか手に入らないとか。ほとんど三ツ星のレストランの独占物になっているのかもしれない。日本ではカナダ産がほとんど。しかし、フランス産に劣るとはいえ、そこはオマール。身をやせさせないように気を配れば、なかなかに旨い。そう毎日入荷するわけではないので、どうしても旅の疲れで身が一まわりも二まわりもやせがちなので、それだけは気をつけたい。それとクール・ブイヨンでポシェする時に、浅めにして歯触りと甘みを残すように充分注意すること。グリエも同じ。そして、残った頭部と殻を捨てる人はいまい。そう、ソース・アメリケーヌは、何よりもオマールでとったものが最高であることは言うまでもない。オマールなんてわが店ではとても使えない、などとあきらめる前に、一度オマールでソース・アメリケーヌを作ってみることである。その旨さが他のエビではとうてい得られない、ということを知ることは大切なことである。その味を知ってから、車エビで、伊勢エビで挑戦し、少しでも味を近づければいいと思う。

*Pince de Homard aux Concombres
et à la Crème de Truffes*

*A single lobster claw rests on a bed of grated cucumber
mixed with walnut oil and wine vinegar
encircled by a sauce of truffles and mayonaise.*

オマールの爪のきゅうり風味:甘みをたっぷり含んだオマールの爪、むせかえるトリュフの香り、
きゅうりの歯ごたえとさわやかさ。不思議な贅沢。

Homard au Four à la Crème d'Asperges

*Poached in court bouillon and shelled,
a lobster lies afloat in a sea of
pureed asparagus blended with white wine.*

オマールのアスパラソース添え：一尾をこれだけ贅沢に使って、しかも
アスパラガスの風味で食べる。オマールの解剖図のような一皿。

Homard Poché à la Purée de Poivrons Rouges

*A vermilion sauce of puréed red pepper,
onion and bouillon de
legumes encircles a enticing lobster tail.*

オマールの赤ピーマン風味：ポッテリとした赤ピーマンの上にのったオマール。
大きなオマールの、最もプリッと旨い部分を、さらりと爽やかに野菜のピュレで食べるのも品がいい。

Homard Grillé aux Herbettes

*An aromatic harvest of
shallots, red and white pepper, and herbs
seasons a pan-fried lobster tail.*

オマールの香草風味:素材の良さを生かすシンプルな調理がベストだ。それに複雑な香りをプラスできれば言うことない。これが僕の旨さの哲学だ。

Civet de Homard

*A rich wine sauce envelops
a stew-like mixture of lobster, onions,
potatoes, mushrooms and spinach.*

オマールのシヴェ：これは、いわば極めつけの料理。オマールの脳ミソが入り、オマールのエッセンスが入り……。
ざっくりとぶつ切りしてむしゃぶりつく。一尾をなめつくすにはこんな方法がいい。

Homard Thermidor

*The traditional lobster thermidor,
rich in flavor and alive
with the aroma of estragon.*

オマールのテルミドール：何百、何千とあらかじめ用意されたオマールのテルミドール。
パーティでお馴染みの古典料理も、現代風にアレンジすればすごくおいしい料理なのです。

Thon

まぐろ

まぐろは寿司か刺身。誰も疑問をさしはさむ余地のないところだ。もちろんその通りだと思う。しかし、だからといってフランス料理の素材に適さないということではないだろう。フランスやイタリア、スペインなどでまぐろを食べている、などとあえて言いたてなくても、東京でこれだけ良質のまぐろが手に入るのだから、僕らとて放っておく手はない。さらに言えば、ブレス産の鶏やフォワグラ、トリュフを輸入することに力を入れるよりは、素材としてのまぐろを考えるべきだ、とすら思う。ひとことにまぐろといっても大トロから中トロ、そして赤身まで様々な部位がある。僕は基本的に赤身を、しかも脂肪の少ないところを多く使う。トロはステーキにするなら必要だが、そうでないなら、刺身のようにトロにこだわる必要は、ない。いやむしろ、脂肪分の少ない赤身のところが、フランス料理の技法には一番合うのではないかとさえ思っている。調理法はクリュ（生）。表面を強火でさっと焼いて、中はクリュ。中まで火が入ると、まぐろに関しては食べられない。総菜になってしまう。食べた時に、「あ、これまぐろ!」とわかる感覚は残しておかなくてはいけない。お客さんも、まぐろの味は承知しているから、それを裏切らない限り喜んでくれる。「こんな食べ方もあるのね」というまぐろ再発見にまでつながるはずだ。しかし、中がクリュということは調理法の幅がせまい、ということでもある。だから、あとはいかにフランス料理的なアクセントをつけていき、ヴァリエーションをつけていくか、ということである。もちろん、毎日必ず出す素材ではない。良質なまぐろが手に入る時、ちょっと変ったものを使ってみたいという時、全体の中で面白いアクセントをつけたいという時、そんな時にはこのまぐろが最高だ。

Terrine de Thon au Brocoli en Salade

*Almost too perfect to be real,
a single shoot of
brocoli stands like a tree
in a terrine of tuna.*

まぐろのテリーヌ：軽く火を入れてからムースにするので、いわゆるまぐろとは少し違う味。
いろいろなまぐろ料理をつくったアトの、あまりでも出来る、ひと皿の前菜。

Thon Mariné aux KAIWARE

*A geometric work of art with rectangles of
raw tuna and round slices of
mushroom in a dressing of olive oil, lemon and mustard
encircling a mound of japanese kaiware.*

まぐろとシャンピニョンのマリネ：オリーブ油と粒マスタード、レモン汁がフランス的なポイントだが、感覚としては刺身。
カイワレ菜のフワッとした風味を楽しみながら、サラダのようなひと皿。

Tartare de Thon aux Mignonnettes

*A quail's egg tops off a stout slice of
raw tuna in a marriage of
French and Japanese cooking traditions. Two pools of
vinaigrette balance the equation.*

まぐろのタルタルステーキ：レモン汁とオリーブ油、アクセントにフヌイユの葉と粒胡椒。
たたいた赤身と、すべて混ぜあわせて食べる。アイディアのひと皿かな。

*Thons Frits et Pommes de Terre Frites
à la Crème de Ciboulette*

*Cripy splinters of fried potato top off bit-sized
chunks of deep fried tuna.
Finely chopped japanese asatsuki lie afloat
in a sauce of mayonaise and cream.*

まぐろとじゃがいものフライ：パン粉をつけて揚げたまぐろだが、なかはレア。
料理と料理の合い間に出すビックリ料理で、食べてみるまでまぐろだとは気付かない、けれどおいしい。

*Petits Dés de Thon Rôtis au Vinaigre
et aux Persils Italiennes*

*Tender cubes of tuna lie atop one another in a robust sauce of
red wine, port, shallots and butter.
Crispy leaves of italian parsley provide
a contrast of color and texture.*

まぐろのヴィネグレット風味：サイコロに切ったまぐろの上にバターを置き、オーブンでロティール。全体にバターがとけて、まぐろがプリプリンとしてきたところが、最高。なかが、生温かいのが旨い。

Steak de Thon à la Moutarde

*A tuna steak, grilled but rare on the inside,
is accompanied by
a tangy poupon mustard sauce.*

まぐろのステーキ:片面だけ強火でサッと焼いて、あらかじめ熱々のソースが待ち構えるお皿にのせ、テーブルへ。生だった片面は、ソースのなかで、ゆっくりと火が入っていく。

Rouget

糸より

いうまでもなくルージェと糸よりは別の魚である。日本ではルージェを糸よりで代用する習慣があるので、それに倣ったまでである。本場フランスでルージェと呼ばれている魚には、ルージェ・バルベ（rouget barbet）と、ルージェ・グロンダン（rouget grondin）とがあり、前者はひめじの類、後者はほうぼうの類に含まれる。特にルージェ・バルベは地中海の特産でグリエにして食され、ベキャス・ド・メール（海のしぎ）と呼ばれるくらいすべての部分を食べられる魚として珍重、賞味されている。我が糸よりは、ルージェと姿は多少似てはいるものの色はかなり違う。鮮やかな黄色の縞が美しい。泳いでいる様が、糸をよっているように見えるところからきた名ともいわれ、日本料理では鯛と並び称されるぐらい好まれていると聞く。僕はこの糸よりが大好きだ。白身魚の淡白さだけでなく、糸より特有の個性があるからだ。外側の模様をうまく使うと実にきれいだし、ルージェほどの風味や旨さはないが、それだけにフランス料理の素材としてはアレンジのきく魚である。僕は、鮭のような赤身の魚やすずきのような白身魚にあきた時に、ふっと、この糸よりを使う。そうすると僕の料理のイメージがワーッと広がってくれる。つまり、それ自身が驚くほど旨い、というほどの個性があるわけではないだけに、僕にとっては自分の世界を築く上で重宝な魚なのである。そういう意味では、一品料理の素材というより、幾つかの料理の流れに起伏をつける時に、これほど頼りになる魚もそうないといっていいだろう。ちなみに、この魚はキスと同じで、ビアン・キュイ、つまりウェルダンが旨い魚である。

Rondelle de Rouget aux Poivrons Jaunes et aux Thyms

Curls of poached red mullet rest in a sauce of pureed yellow bell pepper, garlic and shallots. Cross-hatched springs of thyme provide a canopy.

糸よりのピーマンソース：糸よりには、魚らしい個性があって、それはポシェした時によく出てくる。
黄ピーマンのマイルドな味わい、舌ざわり、そしてタイムでアクセント。

Filet de Rouget au Romarin

*A filet of red mullet lies in a rich butter sauce
seasoned with rosemary.
A perfect harmony of seasoning and color.*

糸よりのローズマリー風味：バターを何度もかけながらムニエルにした熱々の糸より。
そして、濃い味のソースとのハーモニー。ローズマリーがアクセント。

Soufflé de Rouget au Riesling

*A specialty of the Alsace region, this souffle of
red mullet is bathed in
a rich sauce vin blanc heightened by the generous
addition of Reisling wine.*

糸よりのスフレ：アルザス地方にある三ッ星・オーベルジュ・ドゥ・リルの有名なスペシャリテ、
鮭のスフレをアレンジ。使われているリースリングワインもアルザス地方の名産。

Filets de Rouget à la Mounière au Coriandre

*A festival of herbs including rosemary,
corriander and italian parsely seasons these pan-
fried fillets of red mullet.
Bits of tomato highlight the landscape.*

糸よりのシトロネット：軽く、酸味がきいて、しかも香草風味。この現代の嗜好にあった爽やかなひと皿は、
前後の料理を一層ひきたてる最近のフランス料理の流れ。

Tresse de Rouget à la Vapeur Sauce aux Anchois

*A latticework of strips of
poached red mullet rests in an animated
anchovy and butter sauce cornered
by tiny mounds of tomato.*

糸よりのアンチョビーソース：アンチョビーは、少量のバターと一緒にアンチョビー・バターにし、ほのかな香りの
上品なソースに仕上げる。糸よりのフィレ肉を編み上げた、形のおもしろさも一興。

Rouget Rectangulaire aux Confits d'Oignons

*Diamond-shaped cuts of red mullet radiate out from a mound of
onions sautéed in butter and marmalade.
A light sauce of fresh tomatoes
provides the counterbalance to the sweetened onions.*

糸よりのトマトソース：糸よりは、ダイヤ型に切って蒸し上げ、フィレの表面の赤と裏面の白を幾何学模様にみせる。
ハチミツ、ポルト酒、マデーラ酒、ワインビィネガーで煮込んだ玉葱のマーマレードを添える。

Saumon

鮭

　このところ北海道は鮭の豊漁で沸き立っている。シャケ、アキアジ、鼻曲り。塩ザケ、新巻き。小さい頃から鮭という魚に親しんできた北海道は増毛育ちの僕としては、心が浮き立つ。最近は、スコットランド産、ノルウェー産と、海外からなかなか特長があって良質の鮭が手に入るようになった。しかし、北海道の川にこれだけ鮭の大群が押し寄せているのだから、僕はその中から旨いものを使っていきたいと思う。そして今までにない鮭の料理を創りたい。その大きなポイントのひとつは、火の通し加減である。一昔前まで鮭といえば完全に火を入れるものと思ってきた。半生の状態の旨さに気づき始めたのは、つい最近のことである。とろけるような鮭の旨さ。よほど鮮度の良い鮭なら、ア・ポワン（ミディアム）でもさわやかな味が得られる。しかし大方はパサついてしまう。ところが半生ならパサつかず、とろけるように旨い。この旨さを得るには2つの方法をとっている。まずひとつは、鮭を角切り（デ）にして厚みをもたせる方法。角切りだと火加減のコントロールが容易になるからだ。バターを乗せた鮭を少量のブイヨン・ド・レギューム（野菜でとっただし汁）と一緒にオーブンで火を通す。バターがじんわりと溶けてくると鮭に火が通り始める。内部が温かくなって弾力のある状態になったところでオーブンから出す。それ以上では鮭がボソボソになる、というその一瞬である。バターはしっとりと鮭に浸み込み、ブイヨンには即席のフュメ・ド・ソーモン（鮭のだし汁）が加わっている。このブイヨンを煮つめてソースにする。とろっとした角切りの鮭とそのソースで食べる料理だ。もうひとつは逆に極く薄く切る方法。片面をさっとポワレして一瞬ひっくり返す。このタイミングが勝負だ。次の瞬間にはソースと一緒に皿に盛られて客の前へ。つまり、鮭の料理は火との勝負だ。それに気づいた時、鮭の料理は大きく変る。

Petits Dés de Saumon Rôtis au Cerfeuil en Vinaigrette

Spicy chunks of baked salmon are seasoned
with cayenne pepper and butter.
A tangy vinaigrette and a scattering of
cerfeuil add the accent.

鮭の角切り：温い鮭と、冷いソースが口の中で溶ける。アクセントは胡椒。
酸っぱさと辛さ、そして、セルフィーユの香りが不思議な温度の中に光る。

Saumon au Pistou

*A tender semi-circle of baked salmon is smothered
in a rich aromatic pesto sauce.
A cluster of okra and an oval of chopped tomato
create a harmony of tastes.*

鮭の冷製ピストー風味：鮭は、火を通した後室温においてじんわりと冷す。
すると、温かい時のプリンプリンとした感触を失なわずに味わえる。

Paupiette de Saumon à la Crème de Ciboulette

*A bracelet of flounder encircles a ring of salmon.
A rich green sauce of japanese asatsuki
is then offset by a robust red
wine sauce seasoned with thyme.*

鮭と舌平目のポーピエット：舌平目の白と鮭の赤、そしていんげんの黄色がアクセント。
舌平目は薄く、鮭を厚目に切ると、ともに最高の火加減になる一瞬が訪れる。

Saumon Mariné à l'Huile d'Olive et au Ciboulette

*A wreath of thinly sliced raw salmon
is marinated in a sauce of
olive oil, lemon, fennel, shallots
and japanese asatuski.*

鮭のマリネ：オーソドックスな鮭のマリネも、瞬間のマリネでさわやかさがちがう。そのさわやかさは、マリネしてちょっと全体が白っぽくなったあたりでつかまえてやらなければならない。

Darne de Saumon au Gros Sel

*A diamond necklace of salt rests
atop a slice of salmon
in a simple bouillon de legumes.*

鮭のグロセル添え：ニースのネグレスコホテルの料理長ジャック・マキシマンに鮭とグロセル（岩塩）の有名な料理がある。これに北海道で鮭と戯れた少年のセンスがプラスαのひと皿。

Escalope de Saumon Poêlée au Gingembre et Citron vert

*Slices of lime garnish a pan-fried
filet of salmon.
Fresh ginger enlivens a sauce beurre blanc.*

鮭の生姜とライム風味：薄切りの鮭を瞬間の調理。後にも先にもない至高の一瞬。
生姜の風味とライムの香り、甘酸っぱいソースがその脇役だ。

Lotte

あんこう

あんこうといえば口にカギをかけられ、口からたっぷり水を注がれて吊るし切りにされている姿を思い出す人が多いだろう。そしてあんこうの料理といえば、何といっても茨城県水戸の冬の名物〝あんこう鍋〟ということになる。あるいはもうひとつ、東洋のフォワグラと賞讃される〝あんこうの肝〟がある。フランス料理でも、このあんこうの肝をフォワグラに見立ててよく使っているようだ。しかしこのあんこうの肝、蒸して紅葉おろしとともに出されるスタイルが日本では長く親しまれてきているので、無理にフォワグラに見立てて使ってみても、結局は日本流の〝あん肝〟にかなわない、ということになりがちだ。たまに手に入った時は、もちろん捨てはしない。さっとステーキにしてワインヴィネガーの風味で出したりもするが、僕はあえて肝にこだわってはいない。それより、あんこうの肉を使って、新しい世界に挑戦したほうがいいと思う。どうも日本では、あん肝を含めて、あんこうは内臓が好まれる。〝あんこうの七つ道具〟と呼ばれて珍重されているものは、すべて内臓であることからも、そのことが分かる。しかしあんこうの肉質はとても上品でデリケートな味を表現できるはずだ。果実や香草などとのバランスを楽しめる。洗練された料理に仕上げることができるはずだと思う。フランスでいうロットとは多少ニュアンスが違うが、肉質はそれなりに近いものがある。最近、このロットがフランスの高級料理店でもてはやされている理由も、この魚の上品な身質にあるのではないかと思う。あんこうの火加減は、ロゼでは早すぎる。やはりア・ポワン（ミディアム）が最適。多少コリコリとした触感が、この魚をよりおいしく感じさせるはずだ。

Lotte Braisée aux Chingen-Sai

*Tender chunks of angler fish are wrapped
in crispy stalks of chinese bok-choy,
steamed and then covered in a butter sauce. A contrast of
texture in a harmonious sauce.*

あんこうと青梗菜(チンゲンサイ):シャキッとした青梗菜と、プリプリとしたあんこう。
こんなにさっぱりと食べられるあんこう料理は、そうない。

Fricassé de Lotte et Oreille de Mer
au Echalote Grise à la Menthe

An intriguing dish of sliced abalone,
angler fish liver, shallots, white wine and cream.
Garnished with fragrant mint leaves.

あんこうとあわびのフリカッセ：良質なあんこうのしまった感じ、あわびのコリコリとした感じ、
それにしっとりしたエシャロットのコンフィというコンビネーション。

Fricasée de Lotte et Champignons au Safran

*A mound of mushrooms and chunks of
angler fish are afloat in a sauce beurre blanc imbued with
the warmth of saffron. The piquant
taste of cayenne pepper and lemon comes through.*

あんこうの角切りのソテー、サフラン風味：あんこうの身は上品な旨みを持っていて好きだ。
あんこうと相性のいいサフランを使って、あっさりとしたソースで仕上げた一皿。

Chou de Chine Farci de Lotte Sauce Homardine

*A filet of angler fish is swaddled in a cabbage leaf
then poached in a bouillon de legumes.
A sauce Américane seasoned with a variety of
herbs is the final touch.*

あんこうの白菜包み：白菜の水分があんこうをさらにしっとりとした味わいに変える。
オマールのおいしさがコントラストとなる逸品。

*Escalope de Lotte Poêlée aux Muscats
et aux Deux Zestes*

*A crown of muscats tops
a mound of thinly sliced fish
in a pastel colored muscat fruit sauce.*

あんこうの輪切り、マスカット風味：果実のさわやかさが生きるフルーティーなソースとポワレしたあんこう、
雲のように流れるブール・バテュのパストラルなコンビネーション。

Escalope de Lotte et Tomate Grillée avec Huile d'Olive et Vinaigre de Vieux Porto

*Grilled slices of angler fish are interspersed
between tomato slices à la meuniere.
A sauce of virgin olive oil, red wine vinegar
and port rounds out the effect.*

あんこうとトマトの輪切りグリエ：皿の上の東洋的な小宇宙。目には分離させたソースが映り、
舌にはコリアンダー（香草）の風味がひろがる。

Daurade

黒鯛

日本料理を代表する魚といえば真鯛になる。しかし、フランス料理に広く素材として使うには、真鯛は肉質がデリケートすぎるような気がする。「明石の鯛」に代表されるような、天然の活けの真鯛は、しめ方が上手く、仕入れてしばらく時間が経過しても肉質が活かっている。このように極めて鮮度の良い真鯛は、日本料理で刺身にしてこそ生きるのであって、フランス料理の素材として用い、火を加えソースと競合、調和させるのには、かなり無理があるのではなかろうか。それよりは、天然の真鯛にこだわることなく、むしろ、黒鯛を利用した方がいいのではないか、と僕は思っている。というのも、真鯛がかなり海の深いところに棲むので船からしか釣れないのに対して、釣人が好むように黒鯛(チヌとも呼ばれる)は沿海部の砂泥底に棲んでいる。ということは磯臭さを持つという特徴があるわけである。それだけに味が男性的というか個性的で、その上肉質も厚いので、フランス料理でロティールしても、グリエにしても充分耐える。また、旨いソースとも充分対抗できる力、強さを持っている。そういう意味で、苦労して高価な真鯛をフランス料理で使いこなそうとするよりは、この黒鯛こそ素材として注目すべきである、と考える。

Daurade Pochée à la Figue au Fenouil

*A fillet of sea bream, poached in white wine,
lies in an enticing sauce of
puréed figs and wine. Resting nearby is a fig baked in
butter and sweetened with a bit of sugar.*

黒鯛のポシェ、いちじく風味：黒鯛は、ポシェしただけ。いちじくは、付け合わせにすることを考えて、食べごたえがある程度に焼く。出来あがりは、ちょっと珍しい風味。

Consommé de Daurade au Basilic

*Paper thin slices of raw sea bream
fanning out from a cluster of
basil leaves are bathed in
a hot consumme of sea bream.*

黒鯛のブイヨン仕立て(スープ)：黒鯛は薄切りにし、腹の赤い部分をアクセントに残し、スープボウルに並べる。
黒鯛のガラでコンソメにし、熱々を黒鯛に注ぐ。食卓で薄い部分から白くなっていく、スペクタクル。

Gratin de Daurade au Estragon

*Springs of rosemary lie scattered on a fillet of sea bream
poached in white wine and estragon.
In a reversal of the usual gratin, the sauce has been browned
before the fish is placed on it.*

黒鯛のグラタン：ふつう、黒鯛にソースをかけて焼くのだが、これは逆。ソースを皿に敷き、
焼き色をつけ、その上にポシェした黒鯛をのせる。

Dourade Pochée aux Courgettes et aux Thyms

*Thin slices of courgettes squash disguise
a tender filet of sea bream poached in wine
and bouillon de legurnes. A sauce of puréed courgettes
squash and thyme forms the backdrop.*

黒鯛のポシェ、クールジェットのソース：クールジェットは、薄く切って下茹で。
そして、これを黒鯛のウロコに見立てる。

Daurade Grillée aux Deux Sauces

*A streak of butter cuts a half circle
through a rich red wine sauce
topping off a perfectly grilled fillet of sea bream.*

黒鯛のグリエ、赤ワインソース：赤ワインソースとブール・バテュのコンビ、さらに魚がカリッとグリエされている、という極めつけ。バターの流れがソースに映え、しかもおいしくする。味覚と視覚が一体となる。

Daurade en Gros Sel

*A baked sea bream is inset in a ring of
rock salt and covered in
a sauce of butter and basil.*

黒鯛のグリエ：一匹まるまる魚を封じ込めて焼くには、この岩塩で固めてロティールする
方法が良い。見た目ほど、魚に塩分は入り込んでいない。

Bar

すずき

　一尾のすずきを丸ごとパイ皮で包んで焼き上げる。すずきといえばリヨンの名料理人ポール・ボキューズの有名な料理〝すずきのパイ包み焼き〟を思い出す人も多いだろう。魚は基本的に骨が付いたままを丸ごと焼くのが原形であり、旨い。骨を取るか、付けておくかで旨さがかなり違ってくるわけだ。まして一尾まるごとをパイ皮で包み込んで蒸し焼きにするのだから、旨さが封じ込められる。日本でも同じ発想で、奉書紙で包んですずき一尾を焼く料理がある。すずきの奉書焼きである。脂ののった魚を包み込んで食べようという発想は東西にあるわけである。ただ僕は、このように包み込んだりする方法があまり好きではない。旨い魚をなんで包み込む必要があるのか。もっとシンプルにグリエにするか、あるいは三枚に下して調理したほうが旨いのではないかと思う。そして、僕は成魚であるすずきよりも、幼魚である〝せいご〟や〝ふっこ〟のほうが好きだ。周知のようにすずきは、いわゆる出世魚で大きくなるにつれて、せいご、ふっこ、そしてすずきと呼び名を変える。せいごやふっこは、すずきほど強い個性を持っていないが、それだけ繊細な味わいを持っているのである。したがって僕は近海で獲れたせいごやふっこを求めて料理する。これは好みの問題でもあるかもしれない。僕は、自分の世界を表現するのに、幼魚の繊細さのほうが使いやすい、と思っているのである。ちなみにすずきという魚は、結構脂も乗っているし、身と皮の間にゼラチン質もたっぷりあるので、セニャン(レア)には向かない魚である。もし、セニャンでとろけるような味にしたいのなら、薄く切ってぎりぎりの加熱で調理するとよい。厚身に切ってセニャンで食べてもらおうとするとガムのように噛み切れない怖れがある。基本はア・ポワン(ミディアム)から、ビアン・キュイ(ウェルダン)が適当である。

Filet de Bar Grillé aux Artichauts et Poivrons Rouges

*A single artichoke, boiled and quartered, lies scattered
atop a grilled filet of bass.
A buttery sauce is enlivened with cayenne pepper
and sliced red pepper.*

すずきとアルティショーのピーマン風味:シンプルなグリエ、それもア・ポワンでしっかりと火を入れると
オイシイ弾力が生まれる。アルティショーはつけあわせとソースの一人二役。

Escalope de Bar Poché aux Huîtres et aux Juliennes de Légumes

*A triangle of mussels blanched in
white wine encloses a cut of bass sautéed in butter.
A sauce using the juice of oysters,
butter and champagne completes the dish.*

すずきと生牡蠣：すずきの上にはシブレットのアッシェ。キャビアなら、なお最高。
ソースは、牡蠣の汁にシャンパーニュ酒を加えて煮込んだ大人の一品。

Escalope de Bar à la Meunière
aux Moules et au Sauge

*Bass, poached in white wine and bouillon de legumes,
forms a bed for three naked mussels.
A sprig of sage provides a canopy.*

すずきとムール貝のセージ風味：シャープな料理はたった一枚の葉からも生まれる。ポワレしたすずきと
ムール貝がベースのソース、そして風味に生き、印象的な盛りつけとして記憶に残るセージの葉。

Filet de Bar à la Meunière avec Sauce Soja au Thym

*Lemon and soy sauce bring an oriental touch
to a filet of bass à la meuniere.
A crown of thyme tops it off.*

すずきのタイム風味：ひとつのアクセント。醤油とレモン汁をかけただけのすずきのムニエルは、あまりにも日本的な……。タイムをアクセントにして、一気に僕の世界へ。

Escalope de Bar Rôti Sauce Carotte

*A refreshing sauce of puréed carrots and onions
seasoned with lemon juice and
cayenne pepper perfectly compliments
a pan-fried filet of bass.*

すずきの人参ソース:少なめの油でカリッと焼いたすずき。すずきにはア・ポワン(ミディアム)から
ビアン・キュイ(ウエルダン)の焼き加減がふさわしい。

Bar Cru aux Fines Herbes

*Finely chopped bits of raw bass are bathed
in a sauce of olive oil
and lemon juice seasoned with dill.*

すずきのタルタルステーキ：マリネがテーブルの上で始まる。トマト、セルフィーユ、アサツキ、粒胡椒、フヌイユの風味がすずきにあっさりとベールをかける。

Volaille

鶏肉

　鶏肉といえば、フランス人ならすぐブレス地方で飼育された若鶏を思い出す。なにごとにつけ原産地がどこであるかにこだわるフランス人のことだから、鶏も誇らしげにブレス産の若鶏であることを証明する足環やシールがつけられているわけだ。日本なら、さしづめ秋田地方の比内鶏や名古屋地方の名古屋コーチン、そして鹿児島地方の薩摩鶏などがこれに当たるのだろう。最近ではこうした地鶏も比較的たやすく入手することができるようになったのだが、残念ながらフランスのように国家でその産地規制をしていないので、安定して使うところまではいっていない。だから、普通に使用している鶏肉といえば結局ブロイラーということになる。このブロイラーは、ブレス産の鶏や名古屋コーチンなどと比べると、肉質がかなり違う。加熱してみると、肉のしまり方がまったく違ってくることは言うまでもない。肉質という意味では、地鶏のほうが良いといえるが、要は火加減によって、その鶏の一番いい状態にもっていってやればいいということ。つまり調理法によってはブロイラーでも地鶏に負けない旨さを引き出すことも可能なわけで、そこが料理人の腕の発揮のしどころともいえる。料理人が良い素材を求めるのは当然のことだが、素材そのものを吟味するより前にラベルだけで良いものを使っているかの如く錯覚しがちなのは気をつけねばならない。結局は目の前にある、ひとつひとつの素材から、いかに旨さを引き出せるかだ。よく言われる素材との対話というのは、こういった意味であって、"この内臓はこういう状態だから、ここまで火を入れてから保温する。でもこちらの内臓は、さらに火を入れなくてはならない。"というように、個体差を瞬時に判断し、同時にその料理法が自然に頭に浮かび、そのように身体も動く。これが本当の意味でのプロの料理人ではないだろうか。目で視て、手で触って、鼻で嗅いで、そして舌で味わいながら的確に加熱していく。これはフランス料理だけでなく、どこの国の料理でも同じことだと信じている。

Suprême de Poulet aux Citrons

*A lively and refreshing breast of chicken
in a buttery lemon sauce
topped with lemon slices and diced mango.
As bright as the summer sun.*

鶏肉のレモン風味：マンゴーとレモンが、甘酸っぱく洒落たイメージ。夏の太陽の下で、
こんなひと皿が出てきたら、思わず歓声をあげてしまいそう。

Poularde et Foie Gras en Gelée aux Fenouils

A cool delight of chicken and foie gras in
gelatin encircled by
slices of onion, radishes and fenouils.

肥育鶏とフォワグラとエストラゴンのジュレ：さっぱりとしたゼリー、鶏肉、こってりとしたフォワグラ、
そしてエキゾチックなフヌイユの香り。ひとまとめにして、口へ運ぶ楽しみを知る。

Poulet à la Vapeur à la Crème de Jeune Poireau

*A steamed leg of chicken
lies upon a bed of diamond-shaped leeks
framed by truffles.
A buttery sauce incorporates the juice of truffles.*

鶏肉とポワローとトリュフのブレゼ：だし汁で蒸した鶏の脚と柔らかいポワローのクリーム煮。そして、トリュフの高貴な香りもあって、鶏肉がこんなにおいしかったのか、とあらためて思う。

Poularde Pochée à la Fleur de Courgette

*Slices of chicken cooked in butter lie alongside a slice of
couregette squash and
a truffle wrapped in a couregette flower.*

肥育鶏のクレソン風味:クールジェットの花を皿にのせ、トリュフと一緒にすると最高だ。これは、
ニースの若獅子ジャック・マクシマンの作。そして、三国は鶏肉にアレンジした。

Suprême de Volaille à la Menthe

*The refreshing aroma of mint accents
a tender slice of chicken
breast accompanied by a slices of carrot,
turnip and potato.*

鶏肉のミント風味：ミントの香りが、鶏肉と相性がいい。
なんていう物凄い発想は、実は、師ジラルデのものなのです。

*Cuisse de Volaille Farcie aux Morilles
à la Ciboulette*

*A mixture of ground chicken, leeks, carrots and morilles mushrooms
flavored with nutmeg is used to
stuff both a breast of chicken and morilles mushrooms.
A truely creative composition.*

鶏肉のキュイスのファルシ：鶏肉にも、モリーユ茸にも、たっぷりの詰めものをしてある。
モリーユ茸というのは、ほんとうに鶏肉との相性がいい。

Pigeon

鳩

これは、ブレス産（フランス）の仔鳩。最近、日本でもこんな良質の鮮度も良い状態の仔鳩が手に入るようになったのは大変に嬉しいことだ。いままで鳩を提供したくても残念ながら食用にしておいしいような鳩は、日本には見かけなかっただけに、これを機会に鳩という小鳥のおいしさを日本人が知ることができるのは、とても重要なことじゃないだろうか。現在では毎日のようにこの仔鳩を使って料理を作っているが、食べたお客様すべてが非常に喜んでくれていることからも、この素材の良さが分かるというものだ。さて小鳥というのは、種類によって火加減が違う。鳩の場合、どちらかというと、よく火を通した調理法が一般的だったが、僕はロゼの状態でこの仔鳩を食べてほしい、と思っている。そのためには、まず鮮度の良さが絶対的な条件。鮮度の良いものさえ手に入るなら、火を充分に通すよりはロゼの状態のほうが格段に旨い。ロゼといっても、さっとオーブンでロティールすればいいのではない。僕はまず強火のオーブンでさっとロティールし、その後、充分に寝かせる。これがポイント。室温の状態で、上からおおいをして、じんわりと肉に火を入れていってロゼに仕上げる。こうすればジューシーで、口の中に鳩の肉の旨味が広がるわけだ。室温、これがくせもの。何度かは簡単には言えない。その仔鳩によって違うからである。ロティールして出した後、あるものはストーヴの端で何分、あるものはサラマンドルの隅で何分、と焼き上がった瞬間に判断して、同時に手は適切な場所に移動していなければならない。というのも肉は生では旨くなく、ロゼの色をしていながら生とは違う。低温ながら、ゆっくりと火が入っているのだ。だから肉汁が全体に広がって、ジューシーに焼き上がり、ジュスト・キュイソン（正確な加熱）が、生命となる。

Pigeonneau Rôti aux Choux Braisés

*A roast breast of squab is cloaked in
cabbage stewed in
a creamy butter sauce with bacon.*

仔鳩の胸肉のローストとキャベツ：付け合わせのキャベツが、いってみればソースでもある。しゃぶりつくと、柔らかくてジューシーな鳩とフワッと包み込むようなキャベツが、バターでハツラツとしてる。

Pot-au-feu de Pigeonneau

*Roasted squab flavored with garlic
becomes the centerpiece of
this consommé marrying two styles of cooking to create
a harmony of flavor and texture.*

仔鳩のポトフー：ロティールした鳩とたっぷりのコンソメで煮込んだ野菜を、ポトフー仕立てで食べようというもの。
焼きものと煮込みの、2つのおいしさがスープのなかで出会う。

Salade de Pigeonneau

*Slices of sautéed potatos and truffles
provide a base for a slice of
roasted squab seasoned with garlic. A light
mustard sauce adds the accent.*

仔鳩のサラダ、じゃがいもとトリュフ：ロゼの鳩、生のトリュフ、トントンと切ったじゃがいも。
温かいサラダの最高峰。アラン・シャペルで見つけた。

Aiguillette de Pigeonneau aux Pommes de Terre, Truffes et Courgettes

*Thin slices of roasted squab fan out at the base of
a mound of sliced potato,
courgette squash and truffles. The aroma of
garlic rounds out the arrangement.*

仔鳩のエギュイエット、じゃがいも、トリュフ、クールジェットのバトネ：ロティール後の保温が的確だと、肉汁と血がきれいに全体に浸みわたる。ロゼに焼く、というお手本のようなひと皿。

Pigeonneau Rôti aux Petits Oignons Glacés
et aux Persils Italiennes

Five perfect glazed pearl onions alternate
with italian parsely to
emcompass a lightly seasoned squab
roasted to perfection.

仔鳩とプティオニオングラッセ：小玉葱を砂糖でカラメリゼし、トマトの酸味をきかせ、だし汁で充分に煮込んだもの。
玉葱の風味とアクセントのイタリアンパセリが、ポイント。

Pigeonneau Rôti aux Poivres et Citrons Verts

*A rich and spicy sauce of green pepper, Madeira and
port smother halves of a pidgeon breast.
Slices of lime combined with the zest of lime and lemon
provide the finishing touch.*

仔鳩のポワヴル・ヴェール：鳩のページは、結局、ロティールした旨さの料理ばかり。どうやら、ロティールするのが一番、ということらしい。ここでは、甘くて酢っぱいソースに、緑粒胡椒がピリッとしめている。

Col-Vert

鴨

　鴨類の中でも青首と呼ばれる野性の鴨は、秋から冬にかけて賞味されるもののひとつで、もちろん、空を飛んでいる動物のことゆえ、そうたくさん獲れるわけではない。とくに、最近はこうした野鳥類を手に入れることがとても困難になってきている。しかし、飼育したものでは味わえない肉質を持っているから、手に入るのならできるだけ使いたい。普通、鴨として使用しているのは、家鴨、つまりアヒル。これは日本では合鴨という名前で売られていて、さらに、最近はフォワグラを取った後の家鴨の肉がマグレ・ド・カナールとして売られ、容易に手に入るようになってきた。この家鴨は、フォワグラ用に飼育された家鴨だけに、厚い脂肪におおわれ、大きく、しかも柔らかい肉質を持っている。僕は、フランスで使う機会がなかったこともあって、現在でもこのマグレは使っていない。鴨類の料理は、火加減が生命。抱き身といわれる胸肉を焼く時は、皮に包丁目を入れて皮側から焼き始めるわけだが、こうすると包丁目を入れた部分から余分な脂が落ちる。次に反対に返して焼き、保温状態にする。この保温が大切であることは、鳥肉を焼く時に共通するポイントで、保温状態で休ませておくと余熱で火がゆっくりと入っていき、全体がロゼに仕上がるというわけだ。仔鳩の項でも説明したように、余熱で火を入れることが大切なのだ。これを誤ると、包丁を入れた時の断面の色が、外から内にきれいに変化せず、焼き色に層ができてしまい、中心部が生であったりする。これでは、肉の持つ旨みや香りを充分に味わうことはできず、料理人としては、この辺の感覚は必ず修得しておかねばならないと感じている。

Confit de Col-vert

*A leg of roasted duck rests in a leaf of
red cabbage. A mixture of
tomato and crispy bacon
in a vinaigrette tops it off.*

鴨のキュイスのコンフィ：そもそもは、フランスの総菜料理。しかし、料理人の感覚によっては、
粋な前菜となるひと皿。鴨の足がたまった時、低温の油で煮込んでおく。

Cuisse de Canard Rôtie au Pamplemousse

*Ruby-red slices of grapefruit soaked in
grenadine syrup radiate from a roasted leg of
duck topped with pistachio nuts.
Almost too good to contemplate.*

鴨のグレープフルーツ添え、グルナデンソース：グルナデンシロップで漬けたグレープフルーツと
グリエした鴨の脚。そして、ピスターシュの緑が効果的な、さらっとした一品。

Canette Rôtie Sauce Calvados

*Three tender slices of roast duck
lie in a sauce enlivened with Calvados
brandy and bits of apple.
The perfect balance of sweet and tart.*

仔鴨のカルヴァドス風味:リンゴで作ったブランデー(カルヴァドス)とリンゴの小角切りでソースにアクセント。
リンゴと鴨肉のクラシックな取り合わせを現代風に仕立てた、ひと皿。

Suprême de Col-vert aux Deux Olive

*The yin and yang of
sauces as green and black olives form
two halves of a sauce for
a single breast of roasted duck.*

鴨のオリーブソース：カリッとロゼに焼いた青首の胸肉。ソースは、黒と緑の二種の
オリーブの汁と身がアクセント。コントラストの妙、である。

Aiguillette de Col-vert au Sang

*Perhaps inspired by the Effiel Tower,
a leg of deck rises up from a platform of
paper thin slices of duck breast.
A rich red wine sauce completes this traditional dish.*

鴨の血のソース添え：正統とクラシックが、伝統のひと皿となる。誰のひと言より、実際に食してみることの素晴らしさを、当然ながら実感する。

Canette Braisée Sauce MATSUTAKE

*Braised duck and japanese shiitake mushrooms
are joined together
in an unexpected harmony. A robust sauce with
port and Madeira consumate the effort.*

仔鴨と松茸のブレゼ：日本の松茸が、鴨と秋のハーモニーを奏でる。
ソースに松茸の香りなら、付け合わせも松茸なのである。

Agneau

仔羊

　ほんのりと焼き上げた時の仔羊の香ばしさ、そして仔羊にしかない旨さを識ると、フランス人がどの肉よりも仔羊肉を大切にしてきた理由がすぐにうなずけるはずである。もちろん日本では、ブルターニュ地方の潮風をうけた草を食んで育った仔羊（プレ・サレ）も、また草などは一切食べずに母親の乳だけ飲んで育った仔羊（アニョー・ド・レ）も手には入らないから、その真髄は味わえないにしても、かなりの水準のものが安く手に入るようになっているから、くやしがる必要はない。鮮度の良い仔羊なら脂に臭いなどまったくない。だから、他の肉と同じように脂肪分を適度につけて焼いた時のおいしさは捨てがたい。しかし、脂肪部分はすべて掃除してしまい、肉だけで焼いても、上品で繊細な味わいがあり、しかもぜいたくである。アバラ骨で保護され、適度の脂肪でおおわれたコートレットという部分でも、僕は完全に脂を取り除いて、いわゆるノワゼット（はしばみの実）の形に成形してから、焼き上げる。このように肉だけを焼き上げたほうが、現代の嗜好にもぴったり合っているような気がしている。このことは、脂肪分がほとんどない仔羊のフィレ肉が、最近好まれ始めていることからもわかる。仔羊一頭から、このフィレ肉というのはたった2本しか取れない。しかも、余分な筋などを掃除した後のフィレ肉は、2本すべてを皿に盛ったとしても食べて充分に満足できる量かどうかは疑問である。それほど稀少価値があり、高価になるから、好まれるということもあるかもしれない。それと同時に、柔らかく、しかも繊細な味わいが現代にフィットしているのだ、ということも言えるのではなかろうか。さて、これらの仔羊肉を旨く食べるには、ともかく焼き加減である。焼きながら指で弾力をみていけば、内部の焼け具合が指にそっと伝わってくる。もちろんロゼに焼き上げなければならない。ロゼとは生（なま）のことではない、肉の表面から火が入っていき、中がロゼ色になった状態で火からはずし、なにかでおおって余韻でじんわりと内部まで火を入れていくのが、コツといえばコツである。フィレ肉を岩塩などで包んでじんわり火を入れる方法もあるが、表面が焼けた時に出る旨みを残しながら内部をロゼに焼き上げる方法のほうがベストに近いと、僕は思っている。

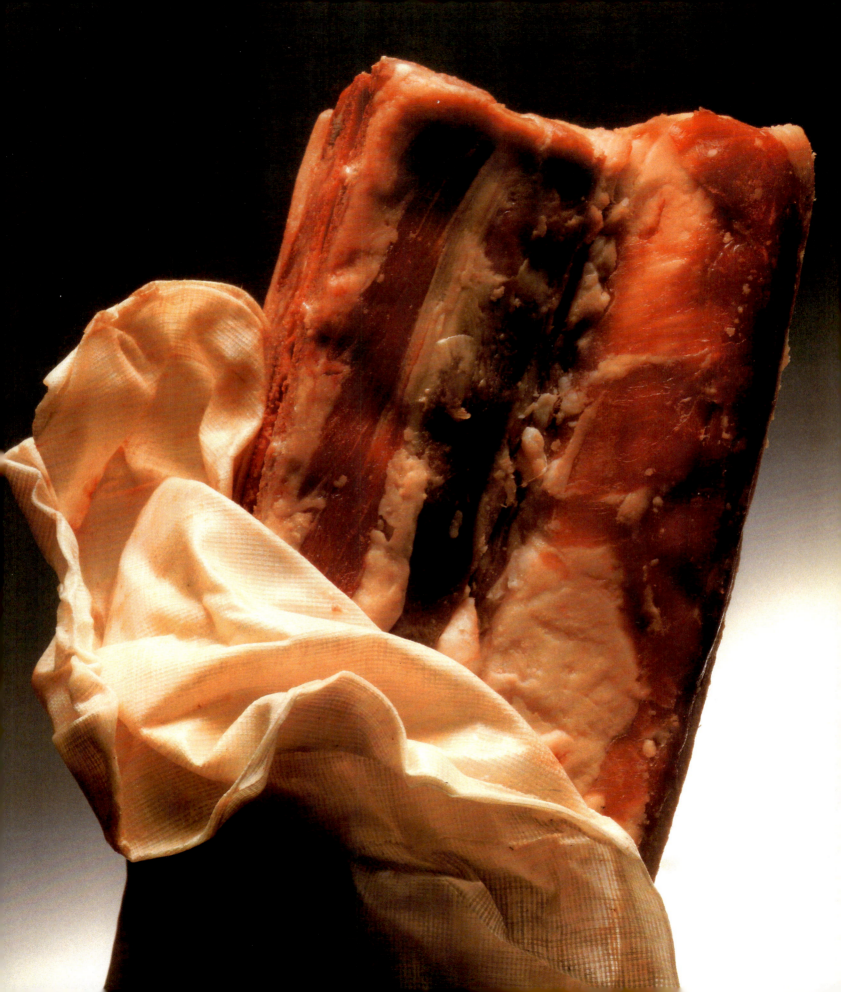

Côtelette d'Agneau Grillée Sauce SANSHO

*Three grilled veal chops are treated
to a sauce of puréed butter
and parsely blended with wine, cream
and japanese pepper.*

仔羊のコートレットのグリエ、山椒風味：パセリ風味のソースに、山椒をピリリときかせて、
骨以外は、すべて、しゃぶりつくす。

*Noisette et Rognon d'Agneau
à l'Huile d'Olive et au Romarin*

Slices of roasted veal in a sauce of olive oil,
tomato, lemon, and rosemary.
An enchanted collage of tastes and colors.

仔羊のロティとロニョン・ダニョー：仔羊のノワゼットは、ジューシーに。
ロニョンは、コリコリと。オリーブ油とローズマリーが、得もいわれぬ。

Ragoût d'Agneau à la Hongroise

*Chunks of veal are smothered in a robust sauce
of garlic, tomatoes, wine
and rosemary then encircled by chisled carrots,
turnips and zucchini.*

仔羊の煮込み、ハンガリー風：イタリア料理でいえば、オーソブッコのようなもの。
トロワグロのスペシャリテを、Mikuni風に。

*Filet d'Agneau Rôti et Cervelles d'Agneau
à la Meunière au Jus de Thym*

Noisettes of veal and lamb's brains
in a rich meuniere sauce
accented with the fragrence of fresh thyme.

仔羊のフィレのロティとセルヴェルのムニエル、タイム風味：セルヴェル（脳みそ）は、ムニエル。
仔羊のフィレ肉は、エヴァンタイユ（扇形）に切って。思わず、知性的に食していただく。

*Noisette d'Agneau aux Truffes et aux
Pommes de Terre Lyonaise*

*Perched atop a bed of sliced
potatoes cooked in the Lyonais style
lies a piece of baked veal
encased in finely chopped truffles.*

仔羊とトリュフのポム・リヨネーズ：トリュフは、フレッシュが最高。
とはいえ、ソースでこってりと煮込んだり、ホンワリと香りを表現したり、もなかなか。

Filet d'Agneau Rôti aux Epinards Sauce Périgeux

Radiating from a centerpiece of spinach
are tender pieces of filet of
veal resting in a sauce
of truffles, Madeira, and port.

仔羊のロティ、ペリゴール・ソース：これでもかと旨い、トリュフのソース。
ほんのりと火の入った仔羊のフィレ。口封じのひと皿。

Chevreuil

鹿

鹿が姿のままで調理場の隅に横たえられ始めると、ジビエ（野禽獣類）の季節到来である。オテル・ド・ミクニの調理場にも解禁とともに北海道からエゾ鹿がやってくる。鮮度の良い輸入品がチルドで、あるいは冷凍で一年中入荷する昨今だが、本来ジビエとは狩によって捕獲した動物を食べるのだから、解禁時期だけ野山で獲れたものを食べる、というのが自然の理にかなっている。この鹿肉を使った料理は、長い間のフランス人の知恵が、いくつかの定型的な料理法を形作ってきているので、それを崩すことは難しい。しても無惨な結果になるだけだ。僕は皿の上での表現は僕なりに考えるとして、基本には忠実である。脇役のソース・ポワヴラード、グロゼイユ、マロン…みな鹿には欠かせない。ただ最も大切なことは、いかに加熱し、セニャン（レア）の状態で客の前に出すか、である。これまで様々な素材で語ってきたが、魚も肉も焼き方ひとつで結果としての肉の旨みに天と地の差ができるものだ、ということを料理人なら肝に銘じるべきだ。ある時間加熱して、どのくらい置いて、いつ切るのが最高の状態か。肉は火を通すことによって初めて旨みが出る。しかし火を通し過ぎてはすべてがゼロになる。あくまで、それぞれの肉の個性に合ったジュスト・キュイソン（最も適した加熱）を追求すべきである。それにはポイント、ポイントを的確に把握して、チェックすることが大切だ。それが自然の動きとなった時、料理人は一人前になったといえるだろう。鹿だけでなくどんな素材を語るにしろ、結局はここに集約されるような気がしている。

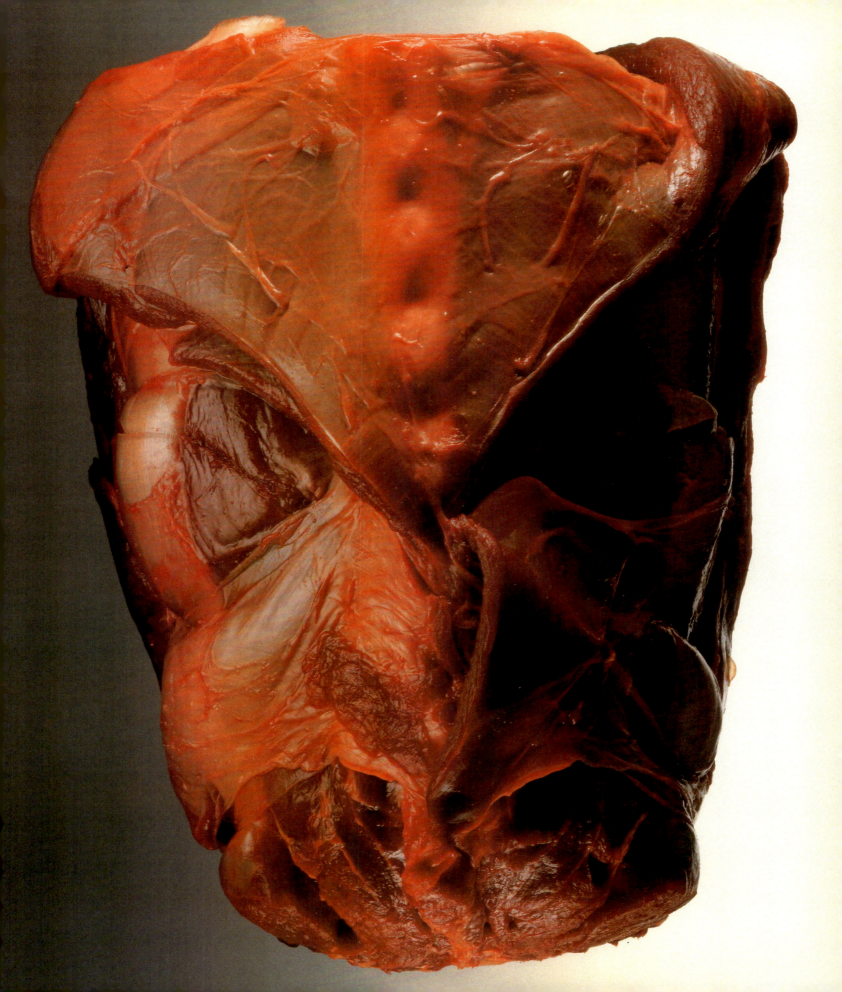

Noisette de Chevreuil au Chou

*Tender rounds of roasted venison wrapped
in cabbage leaves lie in
a simple butter sauce enfused with sherry.*

鹿のロティ、キャベツ包み：包み込む料理は贅沢だ。何故なら全ての味を逃がさないのだから。
キャベツに包まれた鹿肉はジューシーな皿の上で惜しみなく与える。

*Filet de Chevreuil à la Mignonnette
et Laitue Braisée avec Son Jus*

Lettuce stewed with bacon and onion provides
the accompaniment to sliced filet of
venison seasoned with ground pepper
and fresh ginger.

鹿とレタスのブレゼ（煮込み）：都市を駆けぬける鹿の幻影。繊細な鹿肉とジューシーなレタス、ピリッとした生姜のアクセント。ジビエの逸品。

Chevreuil Braisé aux Champignons et Marrons Glacés

*Lightly seasoned chunks of venison
are complemented by
mushrooms and chestnuts sautéed in white wine.
Garnished with japanese asatuski.*

鹿の軽い煮込みきのこ添え：ジビエの野性を甦えらせようとする時、ソースに混じる血の一筋も
ひとつの表現。鹿とマロンのオーソドックスな組み合せにひとつの冒険。

Noisette de Chevreuil à la Poire et Menthe

*A tender noisette of venison seasoned
with pepper rests in a sauce of puréed gooseberries.
A pear stewed in red wine, sugar and
vanilla fans out for a colorful presentation.*

鹿と洋梨の赤ワイン煮込み：ときとして、僕の秘められた世界が皿の上に御目見得する。
洋梨を赤ワインで煮たもののピュレ。ミントのさわやかさ。

***Noisette de Chevreuile Rôti à la Groseille
et aux Nouille d'Epinard***

*A colorful pinwheel with a center of roasted venison
resting in a sauce of pureed gooseberries
and sherry. Spinach pasta, accented with
red currant berries, radiates outward.*

鹿のロティ、グロゼイユ添え、ほうれん草風味のヌイユ添え：緑色のソースはシブレット。
ほうれん草のヌイユを円形に敷いてちょっと一息。

Noisette de Chevreuil au Spatzle
Sauce Poivrade

*Spatzle, a speciality pasta of
the Alsace region, is the garnish for a noisette of
venison in a lively pepper sauce.*

鹿のロティ、ソース・ポワヴラード・スュペッツル添え：ひとつの郷愁。アルザスのオーベルジュ・ドゥ・リルで毎朝仕込んでいたスュペッツル。アルザス地方でジビエ料理となれば忘れられない。

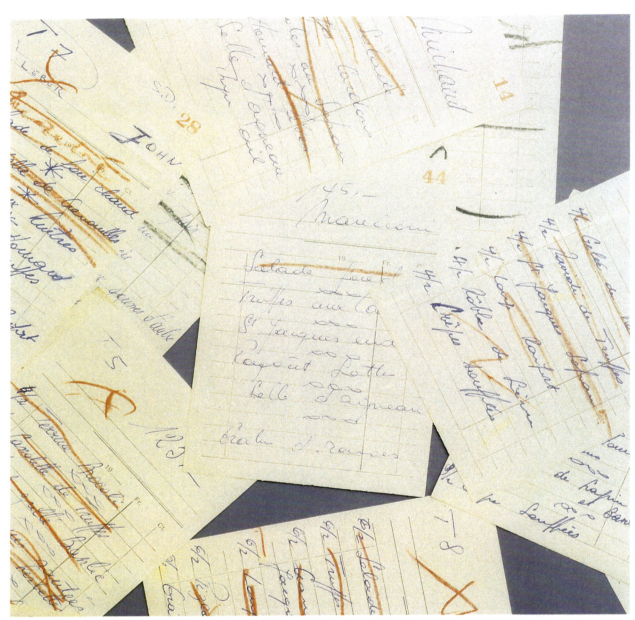

お昼が80組、夜も80組。師ジラルデは、連日、160組のために直筆のメニューを組みあげた。そして、僕は、気になる日のものを、すべて仕込んだ。

BIOGRAPHY

料理人で終りたくない料理人がいても、
いいじゃないか。

厳父と慈母、そして、七人兄弟の三男が僕である。

1954〜1985

僕の父は、漁師である。

そして、僕は、フランス料理の料理人である。このことは、関係がないといえばない。しかし、最近になって、これまでの30年に及ぶ自分の人生みたいなものを振り返ると、やはりそこには、一本の糸のような深いつながりがあると思うようになった。16の年から、僕はこの世界に入り、それからの15年は厨房と自分の部屋を行き来するだけで過ぎてしまったような気がする。脇目を振る余裕も暇もなかったというべきか。札幌グランドホテルの鍋洗いが始まりで、帝国ホテルのグリルで再び鍋洗いの2年を経て、いきなり村上料理長に「スイスに行かないか」といわれ、オロオロしながらも、20歳の年にスイスの日本大使付きのコックとしてジュネーブに渡った。それまでは、フランス料理を作っているという意識すらないおぼつかなさだったが、頼る者のいない日本大使邸のキッチンで、出たとこ勝負の奮戦を繰り返す内に初めて"フランス料理"の世界がおぼろげに見えてきた。

どうせ修行するなら超一流がいいと素朴に思っていた矢先に、思いがけなく当時は無名に近かった天才料理人フレディ・ジラルデと出会った。それが僕にとっての最大の幸運といっていいかもしれない。この男の"超"のつくほどの料理に対する気迫や感性に圧倒され、格闘し続けた5年間の後に、今度は「アラン・シャペル」などのフランス三ッ星レストランを遍歴。気がついたら日本を発って8年間が過ぎていた。そして2年前に僕は再び東京に戻り、1985年の4月に新宿区若葉町に「オテル・ドゥ・ミクニ」という名の店をオープンした。

MASHIKE

僕は、16の年まで、北海道の増毛で育った。映画「駅」の舞台になった日本海側の小さな漁村だ。目の前に海がひろがり、後に山がせり出している。それ以外には何もないといった環境だった。

北海道でニシンがとれなくなったのは、いつの頃からなのか。もしいまでも、増毛あたりでニシン漁に沸き立つようなことがあれば、僕は、恐らく料理人にはなっていなかったろう。父の親元がニシンの網元だった。家の倉庫には、その当時に使った網が置きざりにされてあった。だから父の漁は、もっぱらウニとタコとコンブだった。母親は畑で野菜と花を作っていた。半農半漁というやつで、わが家の食料は、すべて自給自足だった。

僕は小学生の頃から、父に連れられて海に出た。夕方の4時頃に父が舟を漕ぎ、僕が網をさしていく。そして翌朝の3時に起き出して網をあげる。網に魚がかかっているその感触と、昇る朝日の中でマスやカレイがキラッと光る光景がいまでも目に焼きついている。そうやってとった魚とアワビ、ウニの中から、まず僕ら家族が食べる分をとって、残ったものを留萌の市場に持っていった。バケツに魚やゆでたタコを入れて市場に売りに行くのは、小学生だった僕の仕事だった。

学校に通っていた頃は、ジャリ道だった。

その内に僕は、シケの続く日には、市場のセリにかけるよりも、料亭の方が高く買い取ってくれることを発見した。そして、小マメに料亭に魚を持ち込んでは、「母が寝たきりで……」と悲しそうにいい出すと必ず買ってくれた。それが、自分に才能らしいものを見つけた最初だったのじゃないかと思う。ともかく食生活ということでいえば、父と僕がとってくる、とりたての魚介類と、母がもってくるとりたての野菜がすべてだった。また海で漁を手伝いながらとる小さいタコやアワビを塩水で洗って、そのまま食べるのが、スナックみたいなものだった。そういう意味ではわが家は完全に、現代フランス料理の主流である"素材主義"の極致といおうか、ともかく、"素材"には恵まれていた。

そして僕は小学生の頃から包丁を持たされた。漁師の家では珍らしいことではない。カレイをさばく時など、よく父は「もたもたするな。手早くおろせ。早いほどうまいんだ」といっていた。父の料理のポリシーは、とれたての魚介類を、いかに"手早く"食べるかの一点にかかっていた。

SAPPORO

僕は7人兄弟の上から3番目。僕の兄弟は皆、中学を卒業すると、それから先のことは自分で決めた。高校に行く経済的余裕はなかったから、ともかく僕は働くことを考えた。その時に、よく魚を売りに行った留萌の料亭が、なんとなく頭にあった。その一方では、学校に行きたいと思う気持ちも強かった。僕は考えた。そこで、ともかく札幌に出ることに決めた。そしてひとまず「佐藤米穀店」という米屋の小僧をやりながら、夜間の調理専門学校に通うようになった。高校の3年間では、とても働きながらではガマンができないと思った。早く一人前に稼げるようになりたかった。調理師学校に行って国家試験を通れば、漠然と、なんとかなるような気がした。昼間は精米の仕事をした。そのおかげでお米のことはずいぶん勉強になった。そうやって1年半近く、僕は学校に通ったが、その内に、どうせコックになるのなら一流のところにもぐり込まなければと真剣に考えるようになった。その頃から僕は、ひとつの目標が浮かびあがると、そこにどうやったら短期間でいきつけるのか、そればかりを考えるのがクセになっていた。その時は"札幌グランドホテル"が目標だった。北海道で超一流のホテルだ。なんとかもぐり込めないか。そればかりを熱に浮かされたように考えた。学歴も資格も、僕には何もなかった。ところが、僕の思いが通じたのか、ある日、調理師学校のテーブルマナーの講習を、グランドホテルでやるということになったのだ。僕は、このチャンスを逃したら、もうはい上がれないと思った。テーブルマナーの講習が終った後に、職場見学があった。僕は一番最後に残ってチャンスをうかがった。そうしたら、たまたまそこに坊主頭の貫禄のある料理人らしい人がいた。僕は、その人をつかまえて「何でもやりますから、この調理場で働かして下さい」と頼み込んだ。このホテルに来るまでのいきさつを全部話した。その人は、僕の思いつめたような話を、じっと聞いてくれた。そして「わかった。夏休みになったら来なさい」といってくれた。当時料理課長だった青木さんが僕の最初の恩人である。

留萌線の終点。映画「駅」のロケ地になった駅。

学校が休みになるのを待ちかねて、憧れのグランドホテルの調理場でコック修行の第一歩をふみ出したのだ。そこは、まるで別世界だった。高いコック帽をかぶった男たちが立ち働くその迫力に圧倒された。

札幌グランドホテルの調理場で、鍋洗いやイモの皮むきの仕事を半年ほどしたところで、僕は正式に入社を許された。札幌に出てくるまでは、グラタンもピラフも僕は知らなかった。それがいきなり、北海道で一番の調理場に飛び込んだわけで、見るもの聞くものがカルチャーショックの連続だった。厳しい先輩からフランス語やタイプライターも勉強しなければならないことや、フランス料理の本物は、さらに東京にあるということ、そしてもっと本物は、フランスにあるということを聞かされた。まだ"洗い場3年、皮むき3年"といった話も度々聞かされた。僕は、冗談じゃないと思った。一人前になるのに15年もかかる。とてもガマンできないと思った。ますます僕は、"目標に向かって、どうしたら短期間に……"そればかりを考えるようになった。

それには、昔からいわれるように"盗む"を徹底するしかない。そして料理人というのは、切るでも焼くでも、できてしまえば勝ちなんだということがわかった。そして、どんな小さな機会でも「やってみろ」といわれたら、その時に絶対失敗しない。これしか短期間ではい上がる方法はないとわかった。もっと正確にいうならば3度までの失敗は許されるが4度やったらダメだ。最初は宴会場で、やがてメインキッチンの「原生林」に移り、1年後には、ソースをきめる重要なポストの"ストーブ前"をまかされるようになり、最後は客の前でステーキを焼くワゴンサービスの専門になった。そうやって、ムキになって"短期間"に徹底してこだわる内に、だんだん何か物足りない気持ちがつのってきた。東京に行きたいと思うようになった。

そこでまた僕は考えた。東京で一流はどこだ。それは帝国ホテルだと思った。あそこには有名な村上信夫料理長がいる。しかし、コネも学歴もなくて、どうやったら村上さんのもとで働けるようになるのだろう。僕は18になっていた。そして、毎日のように"帝国ホテルへたどり着く方法"を考えた。そこで思いあまって、当時の斉藤慶一総料理長に相談に行った。そうしたら「彼とはよく知っているよ。じゃ、手紙を持って行きなさい」といわれた。
そうやって僕は2年間お世話になったグランドホテルを後に、手紙を一通持って上京した。

TOKYO

その年は、ちょうどオイルショックの年だった。上京すると、早速村上さんに手渡すと「一週間ぐらい東京見物をして来なさい」といわれた。そして、一週間程して、再び村上さんに会いに行くと「正社員になるのは無理だけれど、調理場には入れてあげよう」といわれた。僕はこの人のもとで働けるだけで充分すぎるくらいの気持だった。僕はすぐに本館の「グリル」の調理場に入れてもらった。仕事は鍋洗いだった。帝国ホテルに来て、さす

ここから、札幌、東京、そしてヨーロッパへの料理人の旅が出発した。

が本物だと思ったのは大量にワインを使うこと、フォン・ド・ヴォー(仔牛のだし汁)を使っていることだった。このフォン・ド・ヴォーというのが現代のフランス料理の母体になっているのは、後に向うで修業するようになって知った。本物というものかもしれない、とその時は強烈な印象を受けた。帝国ホテルのグリルで、僕は結局2年間、鍋洗いだけをやっていた。しかしこの時期に、僕は氷彫刻の奥富秀鵬先生と出会った。そして僕は先生に師事して氷彫刻を勉強することになった。毎晩「グリル」の仕事を終えてから、先生のお世話をし、宴会が終わるのを待って、先生の彫った作品をこわしに行くのが仕事だった。氷彫刻にはふたつのスタイルがある。ひとつは彫った瞬間に完成し形になるのと、もうひとつは時間がたつにつれて形が現われてくるスタイルがある。奥富先生は後者だった。荒彫りした氷が、宴会が終わる頃になると溶けて美しい鶴になる。それを初めて見た時に、僕は感動した。そうやって毎晩、僕は先生の作品をこわしにいく。決して彫らしてはくれなかった。しかし、先生には、時間の経過と共に完成に向っていくモノすごさみたいなものを教えられた。それから時折老人ホーム慰問に出かけた。その時に限って、僕にも彫らせてくれる。そして先生は別に何もいわない。しかしそれは後になって思えば"人に奉仕することの大切さ"を教えてくれたんだなと思う。そんな風にして2年間が過ぎた。ある日、突然、村上料理長から呼び出しがかかり、「スイスの日本大使館のコックにキミを考えているんだ」といわれた。目の玉が飛び出るくらいに驚いた。僕がやっていたことは鍋洗いだけで、自分でも料理には自信はな

かった。言葉は話せないし諸先輩からは「20年早いよ」とイヤミをいわれるで、僕は大いに迷ったが最後は破れかぶれで腹をくくった。ところが先方の大使からクレームがついたのだった。

大使館の仕事は、大使夫妻の日々の食事はもとより、様々なパーティの料理もすべてひとりでこなさなければならない。村上さんに呼び出された時、僕は20歳になったばかりだった。「とてもあんな若い人にはムリだ」というのが、当然ながら当時の小木曽大使が断わってきた理由だった。ところが村上さんは「村上信夫を信頼して、使ってみて下さい」といい切っちゃった。自分でも何が根拠なのかまったくわからなかった。北海道から上京してきた時に持ってきた手紙に何が書かれていたのだろうかと思った。それは今もってわからない。

GENEVE

ともかく大使は、渋々20歳のコックを受け入れることになった。僕は、ハッキリいって燃えた。村上さんがあそこまでいい切ってくれた。それだけで「よーし!」と思った。ひとりの見送り人もいない出発だった。スイスのローザンヌに着くと、そのとたんに、僕は"ここならやれる"と思った。ジュネーブの印象はどことなく札幌に似ていた。人口がさほど多くなく、緑と湖があって、人間は東京より遙かに素朴だった。

ベルソア街のプール付きの日本大使館邸には、僕のほかに、使用人のスペイン人夫妻がいた。この人たちがまた、いかにも田舎の人らしく純朴

当時36〜7才だった師ジラルデを中心に、彼の片腕といわれたフランス人のコランと。笑顔の師は非常に珍しいし、この写真はそのうち値が出るよ、と師にいわれたのが印象深い。

で優しかったのも、僕を勇気づけてくれた。目標ははっきりしていた。どうしたら大使夫妻に喜んでもらえるかだ。ジュネーブに到着したその日から、そればかりを考え始めた。そこで僕は、スペイン人夫妻に先任者がどうやっていたかを克明に教えてもらった。日本の食材はどこで手に入れるかとか、パーティのしきり方など。フランス料理のフルコースばかりでなく日本食もつくらなければならない。しかも、誰も助けてくれるものはない。そこで僕は考えた。ジュネーブには「山川」という日本料理屋があった。僕は、そこに駆け込んだ。カッコウなどつけている場合ではない。一日も早く大使夫妻の不信感のプレッシャーを取り除かねば。

僕は「山川」の板さんに頼み込んで茶懐石の手ほどきを受け、その一方で、ホテル「リッチモンド」やレストラン「リオンドール」といった一流フランス料理の店にも駆け込んだ。言葉はぜんぜん通じなかったが、日本大使のコックが店に習いに来てるというのは宣伝効果もあって、まことに親切に教えてくれた。そこで初めて僕は正式なフランス料理のディナーを知った。

ジュネーブに来て3ヵ月もたたない内に、せっぱつまっての駆け込み予習作戦が功を奏してか、パーティにやってくるお客の間で評判になった。約束の2年が過ぎた時には、大使の方から「どんな条件を出してくれてもいいから残ってくれ」といわれた。僕としては、とてもうれしかったし、自信にもなった。

ジュネーブにきて半年ぐらいたった頃になると、フランス料理レストランで教えてもらうこともなんとなく新鮮味がなくなり、"もっとすごいフランス料理があるはずだ"と思うようになった。ジュネーブからフランスはすぐだ。だから「フランスに行けばいいのに」とすすめてくれる人もいたが、理由はないが、僕は気が乗らなかった。

ある時、パーティによくやってくるお客のひとりが、「この間、ローザンヌにすごくおいしい店があったよ」といった。ローザンヌまでは、ジュネーブから汽車で1時間足らず。スイス国内という気易さもあったか、ともかく僕はそのお店に行ってみたくなった。たいした理由はなかった。そして日曜日に僕はローザンヌに出かけた。その店が、いまや世界一といって過言でない天才料理人ジラルデの店だった。当時はスイスに"ジラルデあり"という評判が始めるほんの少し前で、そういうフランス料理の世界自体にうとかった僕にしてみれば、たまたま知り合いの人間が「おいしかった」と教えてくれたお店に過ぎなかった。

店に入るとジラルデ本人が目の前に立っていた。その熱に浮かされたような顔つきをみたとたん、僕にはうまくいえないが、ともかくピンとくるものがあった。ジュネーブでは見たことのない料理人のタイプだった。そして僕はその場で「調理場で働かして欲しい」と伝えた。言葉はほとんどわからなかったが、にべもなく断られた。「メシ代だってかかるし」なんて、案外セコイことをいわれたように思う。当然彼は経済的にも大変な時期だったのだと思う。でも僕はその場を動かなかった。ますますここしかないという確

30才までは、スイス・チームの代表として頑張っていたジラルデ。彼が料理人となったのは、その後であり、彼の父君が亡くなり二代目となったのである。

信めいた気持ちになった。そして3時間もたつ内に気味が悪くなったのか、ジラルデが「じゃ一度だけ来い」といった。そこで僕は大使夫妻が1ヵ月間来るといったら、彼はあわてて「一週間だけでいい」といった。それからしばらくして、僕のローザンヌ通いが始まった。

LAUSANNE

「スイス銀行の金庫を破るよりも、ジラルデの店の席を予約する方がむずかしい」というジョークがあるくらいで、わずか7、8年の間に、世界的な料理人の名声を得たジラルデだが、僕が初めて会った頃は、30代前半の世界的には、まだ無名に近い存在だった。僕は、大使夫妻が会議のためにアメリカに発つ夏休みを待ちかねるようにして、ローザンヌに出かけた。そして一週間、彼の調理場に入り、例によって鍋洗いに全力を注いだ。そうやって実際に、調理場に立つ彼を見るにつけ、僕は完全にまいってしまった。これまでに見てきた誰ともまったくちがう料理人だった。ともかく魚や野菜の素材を前に仁王立ちになり、顔をまっ赤にしてわめき、怒鳴りちらし、苦しみ抜きながら、最後の一瞬に猛然と料理を作りあげる。最初はカッコウつけているだけかと思った。ところが本気で彼はのたうちまわり、そして作りあげる料理は、文句なく勝っていた。

約束の一週間が終り、僕は恐る恐る「これからも来ていいか」とたずねると、ジラルデは「お前の自由だ」といってくれた。それから僕は、毎週日曜日は朝5時に起き、1時間の道のりをローザンヌまで通う生活が始まった。そうやって半年程通う内に、さすがに寝不足と過労で僕もへばった。大使邸での仕事は毎晩片づけを済ますと午前1時を回っていたし、日曜日はさらにハードに働いたから、僕も尻が割れかかったが、ジラルデの「来る以上は、お前をあてにする」の一言に励まされて、3年半の間、日曜日には彼の店で働いた。

毎朝パリのランジスから空輸されてくる魚介類と彼が自分で持っている農園からとれる野菜を、すべて目の前に並べるところから、ジラルデの仕事は始まる。そして次第に自分を高揚させながら、必ず「俺の欲しいものが、なんでないんだ！」とわめきちらすのが、彼の儀式だった。そうして客が待っているというプレッシャーの中で、ギリギリまで苦しんで一気に解き放つ。いまはどうか知らないが、彼の作る料理には名前がなかった。すべてがジャズのアドリブのように、その日の魚や野菜を前にしての格闘によるインスピレーションが勝負というやり方だった。そして、事あるごとに彼は「スポンタネ」(Spontané)といった。それは辞典をひくと「ありのままに」とか「偶発的に」といった意味であった。

日本大使のコックの仕事は、2年の予定が3年8ヵ月にのびたところで、僕はジラルデの店に移ることにした。ところが当時スイスでは日本人の労働許可証がとれなかった。そんなこともよくわかっていなかった。仕方なく僕は、あきらめかけた。そうしたらジラルデが「99％がダメでも1％の可能性があるなら、それにかけてみるんだ」と高校野球の監督みたいなことをいい

アルザスの天才といわれるのが、ポール・エーベルラン。むかって左は、イローゼルン村の村長でもある彼の兄ジャン=ポール

出して、最後は政府機関のスイス料理人協会にネジ込んで「自分はスイスのためにずいぶん研修生の面倒も見てきた。それなのに、この日本人のコックひとりに何の不満があるんだ！」と顔をまっ赤にして吠えた。うれしかった。そしてそれから2年間、僕は彼に魚のパートをまかされて働いた。ジラルデは、もともとサッカーのスイス代表までいった男で「プレッシャーをはねのけろ」とか「動け！　動け！　動きながら考えろ」とか、調理場での彼の言葉は、スポーツのそれだった。料理人全員がスポーツをやらされ、僕は毎日アパートから8キロの距離を走って店に通った。彼からはうまくいい尽くせない程に多くのことを学んだけれど、その中でも鮮烈なことは、彼の精神力のすごさだ。苦しめば苦しむ程、良い結果が出るという彼の戦闘スピリッツには、料理というものに対して「あそこまでやるのか」という取り組み方のスゴサを見せつけられた。

ROANNE

ともかく5年あまりも彼のもとで働き続ける内に、やがて僕は決断をせまられる時がきた。このまま彼のもとに残るか、それも料理人冥利に尽きるという気持ちもあったが、一方では日本に帰りたいという気持ちも盛りあがってきた。そのためにはジラルデしか知らないのは、バランスが欠けるのではないかと思い始めたのだ。そうやって日本を出てから5年目に、初めてフランスに行くことを決心したのである。
たまたまジラルデのもとに、ロアンヌの三ッ星レストラン「トロワグロ」の息子が修業に来ていた。コネが僕の目の前で鍋を洗っていた。さっそく彼に頼み、僕は天才ジラルデのもとを去り、新たな"遣い手"を求めてロアンヌに向かったのだった。
「トロワグロ」のオーナー、ジャン・トロワグロは、ジラルデの"感性の鋭さ"とはまたちがった魅力的な料理人であった。料理について彼はよく「客を心から優しく包み込んでやること。それが最も大切なことだ」と僕を包み込むような調子でいった。

PARIS

つい最近、代々木クリスタルの工場に行く機会があった。火を前にしてガラスに息を吹き込み、次から次へと美しいグラスを作り出していく職人さんを見ていたら目が離せなくなった。自分が調理場で、なんとか腕をあげたいといろいろな店を転々としていた頃の気分やそこで出会った優れた料理人たちのことを思い出した。
アルザスの三ッ星「オーベルジュ・ドゥ・リル」のオーナー、ポール・エーベルラン。店までの、ありふれた田舎道を指しては「こういう平凡な景色の中にスゴイものがかくれている」とよくいっていた。この人の、純朴さのスゴサと、その中にこそ一番とぎ澄まされたものがあるという考え方に、うなってしまったし、またコートダジュールの三ッ星「ロアジス」のいつも赤いパンタロンをはいて客の間を動き回るルイ・ウーチェ氏には、店を演出することの大切さを見せつけられたし、パリ郊外の二ッ星「カメリヤ」のオーナー

ロアンヌの神様であり、ソースづくりの天才と称えられるトロワグロ兄弟。むかって左が、先年故人となられてしまったトロワグロ兄、そしてトロワグロ弟の息子さんが、僕とジラルデで一緒だった。

でフランス人間国宝ジャン・ドラベーヌ氏には、がんこな程に伝統的な基本を揺がさないことのその大きさに圧倒された。

その他にも一芸に秀でる料理人はいろいろいたが最後の1年間、僕がお世話になったミオネーの三ッ星「アラン・シャペル」の御当人ムッシュ・シャペルも素晴しい料理人だった。ジラルデがジャズならば、こちらは大きいスタッフを自在に動かして演出していくオーケストラの指揮者だった。彼は大きな犬を、言葉をいっさい発することなく、完璧に手なずけて動かすことができた。料理人たちは20キロ離れた修道院に住み彼のカリスマ的な才能によって、無言の内に、スタッフが集中して料理に向かう空気を作り出した。僕は、彼のもとに1年いた。

彼に見つめられると手が震えた、そのプレッシャーに負けなくなったと感じた時に、僕は日本に帰ろうと決心した。

1985〜

ジラルデにしてもシャペルにしても、僕の出会った素晴しい料理人たちは皆、その体質においては、漁師であり農夫であった。それが僕には驚きだったし、また増毛生れの僕のような男が、彼らの世界に、割とスンナリ入っていけた理由でもある。

ジラルデの口グセだった「スポンタネ！」(ありのままに)は、漁師の父が、魚をおろすたびに僕にいった言葉と、それ程遠いことではなかったな、と近頃、僕はよく思うのである。

185

STAFF

世界一のギャラを払って、休暇もいっぱいあげて、
集中して働いてもらおう。と、僕は真剣に考えている。

内藤友良 Tomoyoshi Naitoh
「シェフはまるで"人間ビックリ箱"。あるいは"歩く間歇泉"と呼んでもいい。想像もつかないアイデアがポンポンと飛び出し、特に土壇場がすごい」とグランド・マネジャー。ロンドンはケンジントン・ヒルトン仕込みのブリティッシュ・スタイルでフランス流シェフとワイン論議にも花を咲かせる。兵庫県出身の36歳。

戸田春久 Haruhisa Toda
三国シェフの大胆かつ繊細なタッチを讃えつつ、子供のような卒直さにハラハラドキドキのバー・マネジャーは、やはりA型人間。明るいうちは写真事務所でシャッターを押し、夜ともなるとシェイカーを振る神出鬼没の二股稼業。東京生まれの33歳。

桑本克敏 Katsutoshi Kuwamoto
ビストロ・サカナザ時代からの片腕の「スタッフを、もっと!」の祈りには、ハード・ワーカー・ミクニのスー・シェフならでは、真実の響きあり。音楽とファッションにこだわるオシャレ人間は東京生まれの26歳。オテル・ド・ミクニA型9人衆の筆頭与力。

川島英二 Eiji Kawashima
レストラン西武、メゾン・ド・フランスと経てきたホールのキャプテンは、シェフ三国の言動を今ひとつ読み切れず、ウーン、早く所帯を持った方がいいと訳もわからず薦める。音楽聴きつつ寝るのが趣味の26歳。福井県出身。

熊谷伸一 Shinichi Kumagaya
シェフとは同郷のよしみか、「いつまでも苦行僧のように眉間にシワを寄せて眼光鋭く、独自のポリシーを貫いて下さい」とホールからエールを送る。トレッキング、馬、短歌作りを愛する牧歌的北海道人、34歳。

内藤早苗 Sanae Naitho
マダム内藤、何を隠そうマネジャーとロンドンで職場を同じくしれっきとした人妻だが、バチェラー・ミクニを見ておれず、毎日風呂へ入れとか、ミーハーを謹めとか、ヒゲだらけの顔になってとか御意見番をかってでる。三重県出身、A型。

藤井三恵 Mie Fujii
昼のキャッシャーを預るのは東京女学館から共立へと遊んだシティ派。さすがにシェフをひょうきん者と見抜き、人間味溢れた人柄と絶賛しつつ、休日はテニス、スキーを欠かせない東京生まれ。

武井一仁 Kazuhito Takei
足利南高校から市ヶ谷ビストロ・サカナザへ。シェフにしっかりついていこうと決心はするが、好きな散歩と睡眠のために必ず週一回の休日が欲しいと願う。栃木県出身の22歳。

延松 学 Satoru Nobematsu
尼ヶ崎の高校を出ると、神戸ポートピアホテルが待っていた。それが何の因果か東京のビストロ・サカナザへ。シェフはエライと思うけど、もっとスタッフをいたわって欲しいの調理場エレジーNo.2。兵庫県生まれの23歳。

中　理志 *Satoshi Naka*
オテル・ド・ミクニの大阪あべの辻調理師専門学校出身6人衆の一人、かつビストロ・サカナザ流れ組。調理場エレジーNo.3はさておいて、これから各セクションを勉強したいと願う明るい東京昭和40年生まれ。

前野弘伸 *Hironobu Maeno*
オテル・ド・ミクニの最年少。レストラン西武出身で、今はホールで働くが、いずれは調理場に入って仕事をしたいと夢見る。東京生まれの18歳。

福別府隆一 *Ryuichi Fukubeppu*
「第一目標は一人前の料理人になること。その上で外国の店に研修に出させてもらいたい。」と望む21歳。それまで、いつもきびしく妥協しない三国シェフが料理人の鏡。山口県生まれ、大阪あべの辻調理師専門学校出身。

上島康二 *Kouji Ueshima*
「調理場で働くチャンスが欲しい」と秘かに燃えつつホールでプロの接客稼業。辻学園日本調理師専門学校から京都のレ・シャン・ドールへ。野球、テニスとスポーツマンの21歳。大阪生まれ。

三国清司 *Kiyoshi Mikuni*
シェフの5つ歳下の弟で高校では建築科だったが、今は調理場修業。「ちょっときつすぎる、もっとやさしく!」といっても、シェフは甘い顔はできないだろう。ギターの弾き語りも得意の北海道出身、25歳。

井坂勝彦 *Katsuhiko Isaka*
銀座「エスコフィエ」から日比谷「松本楼」を経てミクニへ。「料理人としても、経営者としてもシェフには見習うところが多い」と語る。現在調理場で桑本氏に次いでシェフをサポートする。福島県生まれの23歳。

肱岡康一 *Koichi Hijioka*
「シェフはビストロ・サカナザの頃より温和になったみたい」とホット胸をなでおろし、想いは近くて遠い調理場にはせる。大阪あべの辻調理師専門学校卒で貯金と旅行が大好きな東京生まれの20歳。

浜田寿法 *Toshinori Hamada*
人間が大好きという彼は「シェフは自分を盛りあげたり追い込むのがとてもうまい」と感心する。20数種もの仕事をやってきて、今は昼間2Fのバーでアルバイト。大分県生まれの28歳。

本橋　豊 *Yutaka Motohashi*
「調理場がきびしいのはわかっているけど、早く入りたい」と熱いまなざしをホールからおくり、できれば修業を積んでからシェフのように外国で腕を磨きたいと望む20歳。東京生まれ、大阪あべの辻調理師専門学校出身。

THE TRADERS CONCERNED

佐々木硝子㈱
代表取締役社長:佐々木信次/社歴:創業明治35年、昭和22年改組/「世界一のレストランを目指すオテル・ド・ミクニ、そして最高のクリスタルを追求するササキクリスタル、ザ・ベスト・ウイニング・コンビネーション。」

原由商事㈱
代表取締役:原 肇/社歴:昭和37年、大正初期よりの原由商店を改組、東京中央卸売市場魚類部仲卸として開業。生鮮水産物等を扱う/「芸術的センスを発揮するシェフとそのスタッフに感服しています」

アルカン・トレーディング㈱
代表取締役社長:レイボヴィッチ・フェリックス/社歴:㈱アルカンは創立以来仏料理用高級食材等販売。昭和60年当販売会社設立/「業界のエポックメーカー、常にユニークな活動を続けるミクニに心からの賛辞を贈る」

松葉物産㈱
代表取締役社長:戸恒徹司/社歴:昭和57年㈱太知の食品部が独立創業。イラン産フレッシュ・キャビア等水産物を主とした食品の輸出入と国内販売/「直感自然流の料理は素材の味が最高に活かされ魅せられます」

㈱中村コーポレーション
代表取締役社長:井沢康一/社歴:昭和58年「エーゲン」開業、昭和59年チーズを主に輸入食品のレストラン向け販売開始/「長い年月をかけ計画を実現した三国シェフ。よくその若さでここまでやりとげたと脱帽」

日本マイセラ㈱
代表取締役社長:前田良司/社歴:昭和42年設立。外国産ナチュラル・チーズ及び高級食品類を扱う/「三国氏の感性でより多くのグルメの為に素敵な味のコーディネイトとヴァリエーションの愉しさを」

中沢乳業㈱
代表取締役社長:中沢惣一/創業明治元年。昭和27年法人設立。クリーム、牛乳、乳製品を販売/「三国シェフの手によって創造される料理はまさに味の芸術品。フレッシュクリームを提供できることは誇りです」

出水商事㈱
代表取締役:山坂法道/社歴:創業昭和47年9月。全酒類、食料品等の販売・輸出入業務、ワインの販売企画等を行う/「シェフのエスプリがガストロノミーの世界に新しい1ページを加えた事は誠に喜ばしいこと」

㈱タスコ
代表取締役:板東泰夫/社歴:昭和50年創業。翌年法人に改組。ホテル、レストラン等主に業務用の食器、厨房器具を販売/「素晴しい感性を持ったオテル・ド・ミクニの増々の発展を期待しています」

㈱久松商店
代表取締役:久松 玄/社歴:創業昭和24年。国内外の良質の牛肉、仔羊、ジビエ、鳥類等を販売/「日本を代表するフランス料理店として、これからも増々発展して欲しい」

新玉川酒店
代表者:榎本ハツ子/社歴:明治45年二子玉川にて酒類小売業創業。昭和45年よりワインの取り扱いを開始/「フランス・レストラン界のナガシマ三国シェフの感性に期待する。ワイン業界のピートローズもよろしく」

三和商会
代表者:及川棟雄/社歴:代表者は昭和28年西新橋及川商店に入社、昭和46年門前仲町に独立営業、現在は港区芝にて営業。飼育の鳥類及び海外からの野性の野鴨シギ等を扱う/「三国氏の料理は斬新のひとこと」

㈲宮崎商店
代表者:宮崎哲男/社歴:昭和29年宮崎米店として創業。昭和54年、米穀の販売を営む㈲宮崎商店となる/「静かな雰囲気の一軒家で中庭を眺め、三国シェフのフランス料理を楽しむ、最高の時間でしょう」

辰巳食品㈱
代表者:杉田数男/社歴:創業昭和30年。昭和57年、専門料理店への食材とワインを販売開始/「本物を知る三国シェフがどのような料理を展開されるのか熱い視線を送っています。飛翔を大いに期待しています」

㈲市中屋
代表取締役:市中洋子/社歴:創業文政7年現在7代目。輪島塗り等漆器を販売。昭和56年販売店をホテルニューオータニ内に創立/「三国シェフの芸術性が料理に出て大人を楽しませてくれる。それは本物だから」

㈱弘芸
代表取締役:平木博美/社歴:昭和44年港区南青山にて創業、翌年㈱弘芸に改組。建築の企画・設計・施工、インテリア、ディスプレイ等商業施設のトータルデザイン業/「独自の食スタイルを期待しています」

エフ・ブレーン
代表者:なかむらふみ/社歴:昭和50年「ふみフローラルスタジオ」発足、昭和59年「エフ・ブレーン」に改組し生花等を販売/「日本人の感性に訴えるフランス料理創りは、私達の"花"造りと共通した姿勢です」

萬国コーヒー㈱
代表取締役社長:山本 俊/社歴:昭和35年東京新宿にてコーヒー焙煎業を開業/「三国清三氏独特の持ち味で常にすばらしい料理を提供して下さい。美味求真"美味しいことは人生最高の幸"」

㈱長崎
代表取締役:長崎武文/経歴:創業大正11年、業務用酒類・食品の販売を手掛ける。昭和55年、輸入ワイン開始。昭和60年、輸入酒専門店"クラークケント"の営業開始/「食文化の発展に寄与する貴店との取引は大変光栄」

海老屋
代表取締役:秋元幸敏/経歴:創業明治5年。昭和54年よりフランス・イタリア料理向け素材の販売を開始/「三国氏は滋味や栄養に富んだ秀れた人物であり経営者。商いを超えて我々も東奔西走したい。栄光あれ!」

㈱三井商店
代表取締役:三井正巳/経歴:創業昭和33年、精肉畜産品の業務用卸開始。昭和55年、最新設備の本社屋を新築移転/「最高の牛肉とすばらしい雰囲気、オーナーシェフの人柄の3拍子で名物レストランに!」

RECIPES

料理することに惹かれたら、やってみるに越したことはない。
思惑どうりにいかないのも料理かもしれないが。

〔フォン・ブラン〕Fond Blanc：仔牛の骨、すね肉とミルポワ（人参、玉葱、セロリ、パセリの茎、ローリエなどの野菜と香草）を、水で最低3時間以上煮込んでとった白いだし汁。
〔コンソメ〕Consommé：それぞれの肉質で、だし汁をとり、卵白で澄ませたもの。
〔コンソメ・ジュレ〕Consommé Gelée：ゼリー状のコンソメ。コンソメにゼラチンまたはゼラチン質になるものを加え、冷した時にゼリー状になるもの。
〔クール・ブイヨン〕Court-Bouillon：水にミルポワ、白ワイン、ワインヴィネガー等を加え、さっと煮て作っただし汁。主に、魚介類をさっと煮る時に使う。
〔フュメ・ド・ポワソン〕Fumet de Poisson：魚のだし汁。魚の骨やあら（舌平目、小平目等淡白な魚）に、ミルポワとレモンの輪切りを加え、水と白ワインで煮詰めてとっただし汁。
〔ブイヨン・ド・レギューム〕Bouillon de Légumes：野菜でとっただし汁のこと。ミルポワにフレッシュのトマト、タイム等を加え、3時間以上煮詰めただし汁。
〔フォン・ド・ヴォー〕Fond de Veau：仔牛のだし汁のこと。仔牛の骨をオーブンで色づけたものとミルポワを炒めたもの、そして、トマト・ペーストまたはフレッシュのトマトを鍋に入れ、水で3時間以上煮詰めたもの。
〔ソース・オー・ヴィネーグル〕Sauce au Vinaigre：酸味のあるソースのこと。
①温製／ポルト酒、マデーラ酒、古いワインヴィネガーを煮詰めて、バターでモンテしたもの。
②冷製／エシャロットのアッシェ、オリーブ油、レモン汁、塩、胡椒、好みの香草を混ぜ合わせたもの。
〔ソース・ブール・ブラン〕Sauce Beurre Blanc：白バターソース。エシャロットを炒め、白ワインと野菜のブイヨンを加え、煮詰めて、生クリームを少し入れ、さらに煮詰めバターでモンテしたもの。

〔ブール・バテュ〕Beurre Batu：水を沸騰させ、冷たいバターを加えホイッパーでモンテしたもの。
〔サバイヨン〕Sabayon：卵黄に水を少し入れ、白くなるまで湯せんでかき立て、その中に冷たいバターを加えムース状にしたもの。
〔クレーム・フエッテ〕Crème Fouettée：軽く泡状にかき立てたホイップクリーム。
〔ソース・アメリケーヌ〕Sauce Américaine：アメリカンソース。オマールエビの殻と玉葱、人参をオリーブ油で炒め、トマト・ペーストとエストラゴンの茎を加え、コニャックでフランベしてその中にフュメ・ド・ポワソンを加え、3時間以上ことこと煮たもの。
〔ロティール〕Rôtir：ローストする。
〔ソテー〕Sauter：炒める。
〔ポワレ〕Poêler：鍋で炒める。
〔ポシェ〕Pocher：茹でること。
〔ブランシール〕Blanchir：湯の中で材料を下ゆですること。
〔ブレゼ〕Braiser：蒸発しないように器を閉じ、弱火でゆっくりと蒸し煮すること。
〔デグラッセ〕Déglacer：肉、魚等を調理したあとの鍋やフライパンにワイン、ワインヴィネガー、ブイヨン等を少量入れ、残っている焦げた煮汁や焼き汁を煮溶かすこと。
〔モンテ〕Monter：ソースをバター等でつなぐこと。
〔セニャン〕Seignant：火の通りがミディアム・レアな状態。
〔ア・ポワン〕A Point：火の通りがミディアムな状態。
〔コンカッセ〕Concasser：小角切りにすること。
〔アッシェ〕Hacher：みじん切りにすること。
〔ジュリエンヌ〕Julienne：線切り
〔バトンヌ〕Bâtonne：拍子切り
〔カルチェ〕Cartier：いちょう切り
〔エスカロップ〕Escalope：うす切り

Page 18 Consommé de Tomate

〔トマトのコンソメ〕フレッシュのトマトのジュースを沸騰させ、ある程度煮込んだものをそのままにしておくと二重の層になって沈澱する。うわずみはトマトのムースの時、ペーストにするが、今回はその沈澱したものを使用し、澄ませ、コンソメ仕立てにする。そこに、人参、セロリ、ポワロー、トマトを入れる。
※ベースは、水も何も加えていない純粋なトマトから出た汁だけで、なかなか美味です。

Page 23 Tomate Farcie au Riz Sauvage

〔トマトのファルシ〕ワイルド・ライスをフォン・ド・ヴォーでかるく煮込み、さらに、ベーコンと一緒に炒め、リゾットにしたものをトマトの中に詰める。ソースは、このリゾットをフォン・ブランで煮込んで味つけをし、バターを入れたもの。ソースの上にトマトをのせ、香草でアクセントをつける。
※これは温製の料理です。

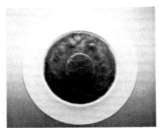

Page 19 Terrine de Tomate Rôtie à l'Huile d'Olive et aux Ciboulettes

〔トマトのテリーヌ〕トマトは、湯むきし、肉質だけを軽くロティールする。さらに、塩、胡椒をして、バジリコの香りをつけ、テリーヌ型に入れ固める。ソースは、トマトのピュレにオリーブ油、ワインヴィネガー、アサツキのアッシェを入れ、塩、胡椒で味を整えたもの。

Page 26 Mousse de Poivron Vert

〔緑ピーマンのバヴァロワ〕緑ピーマンは、玉葱と一緒に充分ソテーし、ブイヨン・ド・レギュームを入れて煮詰め、さらに裏ごしして塩、胡椒をし、クレーム・フエッテと合わせる。ソースは、緑ピーマンの種をとり、ミキサーにかけ、白ワインヴィネガー、オリーブ油少々、アサツキ(またはポワロー)を入れて仕上げる。

Page 20 Mousse de Tomate Sauce Kiwi

〔トマトのムース〕フレッシュのトマトをジュースにして火にかけ、うわずみをペースト状にして、クレーム・フエッテ、レモン汁、香草(風味づけにバジリコ)を入れる。トマトが完熟している場合は、その酸味を生かし、キウイ・フルーツとの甘ずっぱさで食べる。ソースは、キィウィ・フルーツのソース(オリーブ油、レモン汁、塩、胡椒を混ぜ、ミキサーにかけたキィウィを加えたもの)。

Page 27 Poivron Farci aux Maquereaux et Citrons Verts

〔赤ピーマンのファルシ〕詰め物には、さばを使用する。さばはクール・ブイヨンと白ワインで、七分位火を通し、裏ごししてクレーム・フエッテとライムで味をつける。それを赤ピーマンに詰める。

Page 21 Salade de Tomate au Thym

〔トマトのサラダ〕香草入りのヴィネグレット・ソースで食べるトマトのサラダ。ヴィネグレット・ソースは、オリーブ油、レモン汁、塩、胡椒、粒マスタード、エシャロットのアッシェ、それにタイムをきかせる。盛りつけは、水にさらしておいたエシャロットの輪切りを下に敷き、トマトを飾る。

Page 28 Crudités de Trois Poivrons

〔ピーマンのサラダ〕"クリュディテ"という生の野菜をサラダとして食べるスタイル。赤・黄・緑の三色のピーマンを取り合わせ、色の変化も楽しんでみたもの。
※ドレッシングで食べてよし、塩、胡椒だけでもよし、色合いの世界を楽しみながら、食べて下さい。題して、百年の色です。

Page 22 Dôme de Deux Tomates

〔黄色いトマトのジュレと赤いトマト〕黄色いトマトをミキサーにかけ、煮詰め、砂糖を少しとレモン汁を加えてジュレを作る。器のまん中に赤いトマトを置き、まわりに黄色いトマトのジュレを流し込み、固める。

Page 29 Poivrons Rouges Rôtis aux Basilics et à l'Huile d'Olive

〔赤ピーマンのロティ〕赤ピーマンをオーブンで焼いたものに、ニンニクの効いたヴィネグレット・ソースをかけるだけ。ヴィネグレット・ソースには、風味としてバジリコを入れるとよい。
※シンプルですが、温かいうちに食べるととてもおいしいものです。

Page 30 Poivrons Verts à la Parmentière aux Cerfeuils

〔緑ピーマンの冷製ポタージュ〕じゃがいも、緑ピーマン、玉葱をバターでソテーし、ブイヨン・ド・レギュームを入れ、甘みを出す。それを漉したものにクリームを入れて仕上げる。
※ピーマン独特の青っぽいクセがありますが、なかなかおいしいスープです。温製、冷製どちらでも召し上がれます。ピーマンの香りが好きな人には、特におすすめしたいスープです。

Page 37 Terrine de Trois Champignons

〔三色のきのこのテリーヌ〕椎茸、ジロール(仏産の黄色いきのこ)、マッシュルームの3種類のきのこを、それぞれ玉葱と一緒にソテーし、ピュレにする。それに卵を加えて層にし、テリーヌ型に入れ、湯せんのオーブンにかける。椎茸を玉葱と一緒に炒め、ワインヴィネガーとくるみ油、アサツキのアッシェを加えて、ソースにする。

Page 31 Terrine de Poivrons Jaunes

〔黄色のピーマンのテリーヌ〕ピーマンをロティールし、皮をはぐ。ニンニクとエシャロット、そしてワインヴィネガーを混ぜ合わせたものを、ピーマン1枚1枚と重ねてテリーヌ型に入れる。ソースは、ピーマンと玉葱を炒めたものをミキサーにかけ、そこにオリーブ油少々とワインヴィネガー、塩、胡椒を加えたもの。

Page 38 Consommé de MAITAKE

〔舞茸の含め煮〕質のよい舞茸を用意し、コンソメでことことと含め煮し、汁と一緒に食べる。イタリアン・パセリをアクセントにつける。
※含め煮は食べる前日に作っておくのがよいでしょう。温かくても、冷たくてもおいしい料理で、つけ合わせにも最適です。

Page 34 Fricassée de Chanterelle et Sa Garniture

〔シャントレルのフラン〕シャントレルという名の仏産の黄色いきのこのフラン仕立て。きのこをエシャロットとニンニクで炒め、そこに白ワインとブイヨン・ド・レギュームを入れて煮詰める。煮汁が出たらバターとトマトのコンカッセ、香草を入れて味を整えソースにする。

Page 39 Sauté de Champignons des Bois aux Ciboulettes

〔きのこのソテー〕何種類かのきのこを、ニンニク、エシャロット、バターでこんがりとソテーする。そこに香草(セルフィーユ、エストラゴン、パセリ、アサツキ等)を入れて仕上げる。
※Simple is the Bestの一品です。

Page 35 Champignons Marinés en Vinaigrette aux Cerfeuils

〔きのこのフレッシュマリネ〕3〜4種類のきのこを薄く切り、レモン汁、塩、胡椒、くるみ油、エシャロット、香草をかるく合わせ、季節のサラダと一緒につけあわせて食べる。

Page 42 Poireau en Gelée

〔ポワローのゼリー寄せ〕ポワローをブイヨン・ド・レギュームで煮て、テリーヌ型に入れ、そこにジュレを流して固める。盛りつける時には、まわりにポワローの煮たものをならべる。ソースは、くるみ油、ワインヴィネガー、三色の胡椒(緑・黒・赤)を混ぜ合わせたもの。

Page 36 Compote de Champignons au Porto

〔きのこのテリーヌ〕きのこは、最低4〜5種類用意する。きのこをニンニク、玉葱と一緒にソテーし、塩、胡椒し、ワインヴィネガーを少し入れる。そこに、フォン・ド・ヴォーを入れ、若干甘ずっぱくする。それを、テリーヌ型に入れて固める。ソースは、エシャロットをポルト酒とマデーラ酒で煮詰め、そこにフォン・ド・ヴォーを入れ、ワインヴィネガーを少々加えてさましたもの。

Page 43 Poireau Parmentier aux SAWAGANI

〔ポワローのポタージュ〕ポワローとじゃがいも、それにサワガニを使用する。玉葱を炒め、ポワロー、ジャガイモ、サワガニをさっと炒め、ニンニクを少し入れ、ブイヨン・ド・レギュームを加えてことことと煮てからミキサーにかける。それをクリームでのばして、塩、胡椒で味を整え、サワガニをあしらう。

〔ポワローの姿煮とうずらの卵〕ポワローは、ブイヨン・ド・レギュームで茹でて冷やしておく。うずらの卵は、目玉焼きにする。ソースは、茹でたポワローをミキサーにかけ、それにオリーブ油、シェリー酒ヴィネガー、塩、胡椒を混ぜ合わせる。
※これは、朝食用のメニューです。

Page 44 Jeune Poireau aux Oeufs de Caille

〔大理石模様のリ・ド・ヴォー〕リ・ド・ヴォーは、塩、胡椒してムニエルにする。鍋にポルト酒とマデーラ酒を入れてデグラッセし煮詰めたらフォン・ド・ヴォーを加え、ポワヴル・ヴェール（緑の粒胡椒）とレモン汁を加え、それを漉してゼラチンを入れ、テリーヌ型に流し込み固める。

Page 51 Marbré de Ris de Veau aux Persil Italienne en Vinaigrette

〔ポワローのネージュ風うにソース〕卵白を泡立て、ポワローのピュレを入れて、そこにうにを加え、塩・胡椒で味をつけてから、湯せんにしてオーブンにかける。ソースは、ブール・バテュにうにを入れ、レモン汁と塩、胡椒で仕上げる。

Page 45 Oeufs à la Neige aux Juliennes de Poireaux

〔リ・ド・ヴォーとマーシュのサラダ〕リ・ド・ヴォーは、ムニエルにする。その鍋に、ワインヴィネガー、フォン・ブラン、フォン・ド・ヴォーを入れ煮詰めて、リ・ド・ヴォーをさっとからめる。マーシュの葉を敷いた上に、リ・ド・ヴォーをのせる。

Page 52 Salade de Ris de Veau Frit aux Mâches

〔ポワローと魚のスフレ白ソース〕ベシャメルソースに卵黄を入れ、次に生クリームを入れ、魚（すずき）をポシェしたものとポワローの粗切りを入れ、泡立てた卵白を加えてスフレだねを作る。スフレだねはオーブンに入れて15分。ソースは、ポワローと玉葱を炒め、ミキサーにかけ、ソース・ブール・ブランと合わせ、塩、胡椒をする。ソースを敷き、スフレをのせ、上からグラス・ド・ポワソン（フュメ・ド・ポワソンを煮詰めてキャラメル状にしたもの）をたらす。

Page 46 Petite Soufflée Légère Sauce Poireau

〔リ・ド・ヴォーのほうれん草包み、ソース・オー・ヴィネーグル〕リ・ド・ヴォーは、ムニエルにして、エシャロットと胡椒を加えてほうれん草で包む。ソースは、ブール・バテュにヴィネガーを加えたもの。

Page 53 Rondelle de Ris de Veau en Croûte de Feuille d'Epinard

〔ポワローのグラタン〕ポワローは、ブイヨン・ド・レギュームで茹でておく。このポワローをピュレにし、クリームを加え煮詰めたのち、サバイヨンを混ぜて火にかける。その上に、茹でたポワローとフライにした松茸をのせる。
※普通のグラタンと逆で、ソースを下に敷いて焼き色をつけ、その上にポワローと松茸をのせているのが特色です。

Page 47 Jeune Poireau et MATSUTAKE Frit au Gratin

〔リ・ド・ヴォーの胡椒風味〕リ・ド・ヴォーは、エスカロップに切り、塩、胡椒をしてムニエルにする。ソースは、ポルト酒、マデーラ酒、ワインヴィネガーを煮詰めて、バターでモンテする。

Page 54 Noix de Ris de Veau Rôti à la Mignonette et aux Ciboulettes hachées

〔リ・ド・ヴォーのカシス風味ほうれん草添え〕ほうれん草は、ちぎってニンニクと一緒にソテーし、下に敷いておく。リ・ド・ヴォーは、バターでカリッとロティールする。ソースは、クレーム・ド・カシスを煮詰めて、そこにポルト酒、マデーラ酒、ワインヴィネガーを加えバターでモンテして、最後にカシスの実を入れる。盛りつける時に、ライムのカルチェを添え、ゼスト（皮）をちらす。

Page 50 Noix de Ris de Veau à la Meunière aux Cassis

〔リ・ド・ヴォーと椎茸の煮込み〕リ・ド・ヴォーは、小口切りにしてカリカリに焼く。椎茸は、エシャロットとニンニクと一緒に炒め、マデーラ酒とポルト酒を加え、キャラメル状にする。そこに、フォン・ブランとフォン・ド・ヴォーを入れて煮詰め、さらにリ・ド・ヴォーを加えて煮込む。砂糖と塩、胡椒とレモン汁で味を整える。

Page 55 Ragoût de Ris de Veau et aux Cèpes

Page 58 Ecrevisse à la Menthe aux Petits Pois

〔エクルヴィスとミントと茶豆あえ〕エクルヴィスは、茹でて殻をむき、煮詰めておいたフォン・ダメリケーヌと和え、ミントのジュリエンヌを加えてミント風味にする。茶豆は、塩茹でしてから、ブール・バテュ(バターを水でといて塩、胡椒レモン汁を少し加えたもの)と和えて、エクルヴィスに添える。

Page 63 Fricassée d'Ecrevisses à l'Orange

〔エクルヴィスとオレンジ風味〕エクルヴィスは、ブイヨン・ド・レギュームの中で茹でて殻をむく。ソースは、オレンジをジュースにしてしばらく煮詰めてから、バターでモンテしレモン汁を加えて甘ずっぱくする。盛りつける時に、ゼスト(オレンジの皮)とアサツキを添える。

Page 59 Gratin de Queues d'Ecrevisses aux Fraise des Bois et Pistaches

〔エクルヴィスのグラタン、赤いフルーツ添え〕エクルヴィスは、ブイヨン・ド・レギュームと白ワインでさっとゆがいて殻をむく。グラタンのアパレイユ(もと)は、ソース・ブール・ブランを煮詰めて、エクルヴィスをさっとくぐらせエクルヴィスの香りをつけ、そこにサバイヨンとクレーム・フエッテを混ぜたもの。グラタンを焼き上げたら、その上にフレーズ・デ・ボア(エゾヘビイチゴ)を飾る。

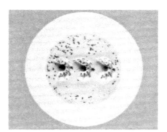

Page 66 Trois Crevettes à la Crème de Romarin

〔車エビのローズマリー風味〕才巻エビは、ブイヨン・ド・レギュームで30秒間ポシェし、その汁の中につけておき、冷めたら殻をはずす。ソースは、ソース・ブール・ブランにローズマリーの枝を入れ煮詰めてから漉して、バターでモンテし塩とカイエンヌ・ペッパーを入れる。

Page 60 Brochette d'Ecrevisses Grillées aux Herbettes

〔エクルヴィスと魚のブロシェット〕エクルヴィスは、クール・ブイヨンで3分間位茹でて冷ましておく。ソースは、くるみ油、ワインヴィネガー、エシャロットを合わせたもの。
※この料理は、ダイナミックに手で食べて下さい。エクルヴィスは、3分間茹でると、脳みそまですべて食べられます。

Page 67 Crevettes Poêlées à l'Américaine

〔車エビのアメリケーヌ〕車エビは、半分に切って開いて、塩、胡椒をし、オリーブ油でポワレする。ソースは、フォン・ダメリケーヌをしばらく煮詰めキャラメル状にしたところに、ブリュノワーズ(人参、玉葱、セロリの賽の目よりさらに小さいもの)を入れ、赤唐辛子を加える。
※車エビにソースをかけて、この料理もダイナミックに手で食べて下さい。

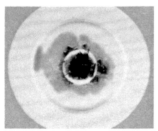

Page 61 Savarin d'Ecrevisses aux Cerfeuils et Romarins

〔エクルヴィスのムース(温製)〕エクルヴィスをブイヨン・ド・レギュームでさっと茹で殻をむき裏ごしして、そこに全卵と卵白を少しずつ入れてバターでモンテし、塩とカイエンヌ・ペッパーとクリームを加えてムース状にする。これを型に詰め、湯せんのオーブンにかける。(160度で7〜8分)ソースは、オリーブ油、レモン汁、コリアンダー、トマト・コンカッセ、香草少々を温ぜ、火にかけ沸騰直前で火を止めたものをムースの上にかける。

Page 68 Fricassée de Petites Crevettes aux Endives Amères

〔車エビとアンディーヴ〕アンディーヴを荒切りにして、砂糖とバターで軽く炒め、ブイヨン・ド・レギュームを少し入れて煮込む。汁が出たらバターでモンテし、ライムのジュースを加え、さらに煮詰めて甘ずっぱくする。そして6割位ポシェしたエビをアンディーヴのソースとからめる。エビは、ソースとからめて、丁度よい茹でかげんになるように注意すること。

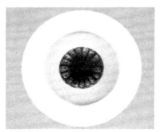

Page 62 Dôme d'Ecrevisses

〔エクルヴィスのお菓子仕立て〕エクルヴィスを、ブイヨン・ド・レギュームでさっと茹でて殻をむき、裏ごししてクレーム・フエッテを加え、レモン風味のバヴァロワを作る。その上にザリガニをならべて、ジュレを流し、まん中にいくらを飾る。

Page 69 Crevettes pochées avec Purée de Pomme de Terre au Basilic

〔車エビとじゃがいものピュレ〕車エビは、ブイヨン・ド・レギュームの中で30秒間ポシェし、冷えてから殻をはずす。じゃがいものピュレに、オリーブ油とニンニク少々、そしてバジリコを入れ(色がグリーンになるようにたっぷりと入れる)、よく練る。このじゃがいものピュレを下に敷き、エビをのせて、まわりにヴァージン・オリーブ油をかける。

Page 70 Consommé de Caviar à la Crevette

〔車エビのジュレのキャビア添え〕コンソメ・ジュレにキャビアを入れて下に敷き、ブイヨン・ド・レギュームでポシェした車エビを半分に切ってひろげる。まわりにセルフィーユをあしらう。

Page 77 Raviolis de Coquille Saint-Jacques aux Cèpes

〔帆立貝のラビオリ〕帆立貝は、薄く切り塩とカイエンヌ・ペッパーで下味をつけておく。セープ茸のコンカッセをニンニクとエシャロットと一緒にソテーし、塩、胡椒をして、帆立貝に詰めてラビオリにし皿に盛る。その上からトリュフの香りの温かいソースをかける。このソースは、トリュフのジュースにエシャロットを入れて煮詰め、バターと塩、胡椒で味を整えたもの。

Page 71 Crevettes Frites aux Haricots Verts

〔車エビのフライ、ポルト酒風味〕車エビは、殻つきのままぶつ切りにして、油でカラッと揚げる。ソースは、エシャロットのアッシェをポルト酒（古いもの）とマデーラ酒（古いもの）で煮詰め、漉さずにバターでモンテし、フォン・ド・ヴォーとフォン・ブランを加えて、さらに煮詰めて甘くする。細いいんげん（ささげ）を茹でて、皿の上に網目に置き、その上に車エビをのせてソースをかける。

Page 78 Coquille Saint-Jacques Grillée à la Provençale

〔帆立貝のプロヴァンサル〕帆立貝は、塩とカイエンヌ・ペッパーをしてグリエする。トマトをニンニクをきかせて焼いたところにオリーブ油とローズマリーを加えたものを添える。

Page 74 Gratin de Coquille Saint-Jacques au Thym

〔帆立貝のグラタン（殻つき）〕帆立貝のひもでフォン（だし汁）をとる。（この時、風味としてタイムを入れる）このフォンを1時間位煮て、ブイヨンを加え、さらに煮詰めてクリームでとろみをつけ、塩、胡椒をする。これに、別に作っておいたサバイヨンを軽く混ぜ合わせ、タイムを加える。帆立貝は、フォンでブランシールする。帆立貝を殻にのせ、ソースをかけて焼く。

Page 79 Petits Dés de Coquille Saint-Jacques Sauce au Vin Rouge

〔帆立貝の小口切りとやりいかの赤ワインソース〕帆立貝とやりいかは、ニンニクとエシャロットと一緒にソテーする。ソースは、エシャロットを赤ワインで煮詰め、タイムを入れて香りをつける。それを漉し器で漉して、バターでモンテする。このソースを敷き、帆立貝とやりいかをのせ、そこに黒胡椒をふりかけて、ブール・バテュをかける。

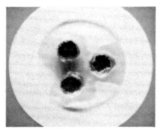

Page 75 Choux Farcis de Coquille Saint-Jacques au Caviar

〔帆立貝のキャベツ包み、キャビア添え〕茹でたキャベツで帆立貝を包み、厚手鍋に入れ、ブイヨン・ド・レギュームととかしバターをかけて、オーブンに入れる。（火の通りは、セニャンにする）ソースは、帆立貝の焼き汁を煮詰めてクリームを入れ漉し器で漉す。それをバターでモンテし、塩とカイエンヌ・ペッパーとレモン汁で味を整える。盛りつける時に、キャビアを添える。

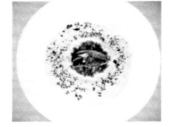

Page 82 Pince de Homard aux Concombres et à la Crème de Truffes

〔オマールの爪のきゅうり風味〕オマールはクール・ブイヨンの中で3分間ポシェし、爪だけを使う。ソースは、きゅうりをおろして水切りをし、くるみ油、ワインヴィネガー、塩、胡椒と混ぜ合わせる。それを中央に置き、そのまわりにマヨネーズをクリームでうすくのばし、トリュフのアッシェを添える。

Page 76 Coquille Saint-Jacques à la Citronnette aux Mousse de Petits Pois

〔帆立貝のグリエとグリーンピースのピュレ〕帆立貝は、殻を取り、塩とカイエンヌ・ペッパーをふりかけ、グリエする。グリーンピースのピュレは、グリーンピースを玉葱と一緒にバターで炒め、その中にブイヨン・ド・レギュームを入れて、塩、胡椒と砂糖少々で味つけをする。それを煮詰めて裏ごしし、クレーム・フエッテと和える。ソースは、オリーブ油、レモン汁、塩、胡椒、コリアンダーをまぜ合わせ、フヌイユ（ういきょう）の枝を添える。

Page 83 Homard au Four à la Crème d'Asperges

〔オマールのアスパラソース添え〕オマールはクール・ブイヨンの中で3分間ポシェし、冷めたら殻から取って切り分ける。ソースは、アスパラとエシャロットを炒め、そこにブイヨン・ド・レギュームと白ワインを加えて煮詰めたものをミキサーにかける。それを火にかけ、オマールをポシェした汁を加える。ソースを敷き、オマールをのせる。

Page 84 Homard Poché à la Purée de Poivrons Rouges

［オマールの赤ピーマン風味］オマールはクール・ブイヨンの中で3分間ポシェし、尻尾の方だけ半分に切って使う。ソースは、赤ピーマンを玉葱と炒めてブイヨン・ド・レギュームを入れ、塩、胡椒して柔らかくなったら、ミキサーにかける。それを漉し器で漉し、火にかけて煮詰め、バターでモンテし、少し酸味をつけるためにレモン汁を最後に加えて仕上げる。

Page 91 Thon Mariné aux KAIWARE

［まぐろのシャンピニョンのマリネ］塩、胡椒したまぐろとマッシュルームをオリーブ油、レモン汁、粒マスタードで合わせる"瞬間マリネ"。(まぐろとマッシュルームは生のまま使用)
※材料を合わせてから少し時間をおいて、食べた方がおいしいです。

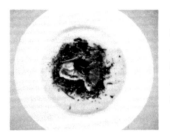

Page 85 Homard Grillé aux Herbettes

［オマールの香草風味］オマールは半分に切ってオイルでポワレする。そこにエシャロットをたくさんとバターと、黒胡椒、白胡椒、赤胡椒の三色の胡椒を入れ、バターが焦げる寸前まで炒めて、エシャロットを香しくさせる。そして、レモン汁、塩、胡椒と香草を入れる。

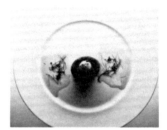

Page 92 Tartare de Thon aux Mignonnettes

［まぐろのタルタルステーキ］まぐろは、塩、胡椒して粗目にたたいて型の中に詰めておく。ソースは、エシャロットのアッシェ、ピクルスのアッシェ、ケッパーをヴィネグレット・ソース(冷製)で混ぜ合わせたもの。盛りつける時に、まぐろの中央にうずらの卵黄をのせる。

Page 86 Civet de Homard

［オマールのシヴェ］オマールは殻つきのまま筒切りにしてポワレする。そのオマールとベーコン、マッシュルーム、小玉葱を一緒に鍋に入れ、赤ワインを煮詰めておいたものと合わせる。瞬間に仕上げる"シヴェ"なので、野菜もそれぞれ火を通しておいて、1〜2分でさっと合わせられるようにしておくとよい。

Page 93 Thons Frits et Pommes de Terre Frites à la Crème de Ciboulette

［まぐろとじゃがいものフライ］まぐろは、塩、胡椒し、パン粉をつけて、強火で中がセニャンの状態になるように揚げる。じゃがいもは、フライにしカリッと揚げる。ソースは、まずマヨネーズを作り、それをクリームでかなりのばして、アサツキを少し加えたもの。

Page 87 Homard Thermidor

［オマールのテルミドール］オマールはクール・ブイヨンの中でポシェし、沸騰したらすぐ取り出し、半分に切って中身を出し、一口大にする。マッシュルーム、エストラゴン、トマト・コンカッセとサバイヨンを混ぜ合わせ、その中にオマールの身を加え、殻の中に入れてオーブンで焼く。エストラゴンをかなりきかせる。

Page 94 Petits Dés de Thon Rôtis au Vinaigre et aux Persils Italiennes

［まぐろのヴィネグレット風味］まぐろは角切りにして、塩、胡椒し、強火で焼く。(中はセニャンにすること)ソースは、エシャロットをポルト酒(古いもの)と赤ワインヴィネガーで煮詰め、砂糖を少し入れて、バターを空気を入れながら混ぜ合わせ、甘ずっぱい味にする。イタリアン・パセリを油でカラッと揚げて、上にあしらう。

Page 90 Terrine de Thon au Brocoli en Salade

［まぐろのテリーヌ］まぐろはブイヨン・ド・レギュームと白ワインの中で軽くポシェする。(中はセニャンの状態)それを裏ごしして生クリーム、レモン汁、胡椒、そして色つけに若干の赤ピーマンを入れて、テリーヌ型に流す。その時、まん中にブロッコリーを茹でたものを入れる。湯せんにしてオーブンに入れる。(180度で25分)

Page 95 Steak de Thon à la Moutarde

［まぐろのステーキ］まぐろの中トロのところを厚目にさくどりにして、塩、胡椒をしてグリヤードで網目をつけて焼く。ソースは、ブール・ブランにフランス・ディジョン地方産の粒マスタードを入れてマジョラムを加える。まぐろを焼く時は、表面に網目をつけるだけで、中はほとんどセニャンの状態にする。中まで火が通るとパサパサとしておいしくなるので注意すること。

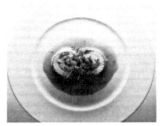

Page 98 Rondelle de Rouget aux Poivrons Jaunes et aux Thyms

〔糸よりのピーマンソース〕糸よりは、ロールに巻いて、ブイヨン・ド・レギュームの中でブランシールする。ソースは、黄色ピーマンをエシャロットとニンニクと一緒によく炒め、そこにブイヨン・ド・レギュームを入れて煮詰め、漉し器で漉す。漉したものを温め、バターでモンテし、タイムを入れる。

Page 103 Rouget Rectangulaire aux Confits d'Oignons

〔糸よりのトマトソース〕糸よりは、ダイヤ型に切って、ブイヨン・ド・レギュームの中でポシェする。トマトソースは、フレッシュのトマトをミキサーにかけて漉し、バターでモンテして味を整える。玉葱のマルムラードを中央にあしらえる。マルムラードは、玉葱をバターで炒めて、砂糖を少し入れ、ポルト酒とワインヴィネガーで甘ずっぱく煮詰めたもの。
※糸よりとトマトは、非常に相性がよいのでおいしい一品です。

Page 99 Filet de Rouget au Romarin

〔糸よりのローズマリー風味〕糸よりは、バターで香ばしくポワレする。ソースは、糸よりの骨をローズマリーと白ワインと水でことこと煮て、漉し、そのフォンでエシャロットを煮詰め、さらに漉し、クリームを加えバターでモンテする。そこに、きざんだローズマリーを入れる。

Page 106 Petits Dés de Saumon Rôtis au Cerfeuil en Vinaigrette

〔鮭の角切り〕鮭は、角切りにして、塩とカイエンヌ・ペッパーで下味をつけ、バターをのせて、オーブンでセニャンに焼く。ソースは、三色の胡椒のヴィネグレット・ソースで、それにセルフィーユをあしらう。

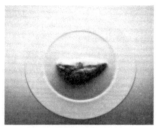

Page 100 Soufflé de Rouget au Riesling

〔糸よりのスフレ〕糸よりは、三枚におろす。その上に、すり身に卵白を加えたものをぬって、オーブンで焼く。ソースは、ソース・ヴァン・ブランというソースで、玉葱をバターで炒め、小麦粉を加え、白ワインと魚のブイヨンを注ぎ、塩、胡椒して煮詰めたもの。

Page 107 Saumon au Pistou

〔鮭の冷製ピストー風味〕鮭は、筒切りに切って、バターをのせて、オーブンでセニャンに焼く。この鮭を、冷蔵庫ではなく室温で冷たくして、ピストーをぬる。ピストーとは、バジリコ、オリーブ油、ニンニクを一緒にミキサーにかけて、少し火を通したもので、それに、塩、胡椒をして味を整える。
※この料理は、温製でも食べられます。

Page 101 Filets de Rouget à la Mounière au Coriandre

〔糸よりのシトロネット〕糸よりは、片身一枚をバターでカリッとポワレする。ソースは、ヴァージンオリーブ油とレモン汁、塩、胡椒、コリアンダー、トマトのコンカッセ、アサツキのアッシェ、イタリアンパセリのアッシェ、ローズマリー等、色々な香草を多種多様に入れて作る。
※あっさりとおいしい一品です。

Page 108 Paupiette de Saumon à la Crème de Ciboulette

〔鮭と舌平目のポーピエット〕鮭を舌平目で巻いて、蒸し煮にする。鮭には、火が通るか通らないという加減にする。ソースは、アサツキのグリーンソースと赤ワインソースの2種類。アサツキソースは、エシャロットを白ワインで煮詰め、そこに、バターとアサツキをロボ・クープで混ぜたアサツキバターを入れてモンテし、クリームを加えたもの。赤ワインソースの方は、赤ワインにタイムを入れて煮詰め、バターでモンテして、仕上げに黒胡椒を入れたもの。

Page 102 Tresse de Rouget à la Vapeur Sauce aux Anchois

〔糸よりのアンチョビーソース〕糸よりは、ブイヨン・ド・レギュームでポシェする。ソースは、アンチョビーとバターをロボ・クープで混ぜたものをブール・バテュに入れて、塩、胡椒で味を整える。

Page 109 Saumon Mariné à l'Huile d'Olive et au Ciboulette

〔鮭のマリネ〕鮭を薄く切り、皿に飾る。オリーブ油とレモン汁、フヌイユ(ういきょう)の枝、アサツキのアッシェ、エシャロットのアッシェ、トマトのコンカッセを混ぜ合わせて、鮭の上にかける。

Page 110 Darne de Saumon au Gros Sel

〔鮭のグロセル添え〕鮭を厚切りにして、ブイヨン・ド・レギュームを入れてオーブンにかけ、セニャンに仕上げる。この時、鮭の上に岩塩をのせ、岩塩のコリコリしたところを少し残して、それから出た甘い塩分と煮汁だけで食べる。

Page 117 Chou de Chine Farci de Lotte Sauce Homardine

〔あんこうの白菜包み〕塩、胡椒したあんこうをポワレし、エシャロットと胡椒を混ぜたものを、上にまぶし、キャベツで包み、ブイヨン・ド・レギュームを入れてオーブンにかける。ソースは、オマルディースといって、ソース・アメリケーヌを煮詰め、そこに色々な野菜をきれいに切ったものを入れて、クレーム・フエッテを入れ、香草を加える。

Page 111 Escalope de Saumon Poêlée au Gingembre et Citron vert

〔鮭の生姜とライム風味〕鮭は、エスカロップに切って、フライパンでカリッと焼きあげる。ソースは、ソース・ブール・ブランを作っておいて、そこに生姜とライムのしぼり汁を入れて煮詰める。最後にライムを飾る。

Page 118 Escalope de Lotte Poêlée aux Muscats et aux Deux Zestes

〔あんこうの輪切り、マスカット風味〕あんこうは輪切りにしてポワレする。ソースは、巨峰をミキサーにかけ、煮詰めてバターでモンテする。それに、レモン汁とカイエンヌ・ペッパーを加えて味つけをする。巨峰の程よい甘みが、この料理のポイントになる。

Page 114 Lotte Braisée aux Chingen-Sai

〔あんこうと青梗菜〕あんこうを青梗菜で包み、ブイヨン・ド・レギュームで蒸し煮する。その汁をバターでモンテして、ソースとする。

Page 119 Escalope de Lotte et Tomate Grillée avec Huile d'Olive et Vinaigre de Vieux Porto

〔あんこうとトマトの輪切りグリエ〕あんこうとトマトは、輪切りにする。あんこうはグリエし、トマトはムニエルにして重ねる。ソースは、ヴァージンオリーブ油と赤ワインヴィネガーとポルト酒を少量と塩、胡椒、それにエシャロットのアッシェを混ぜ合わせる。最後に、コリアンダーを入れる。

Page 115 Fricassé de Lotte et Oreille de Mer au Echalote Grise à la Menthe

〔あんこうとあわびのフリカッセ〕あんこうの肝は、フライパンでソテーしておく。ソースは、エシャロットのアッシェに白ワインを注いで煮詰め、クリームを入れ、そこにバトンヌに切ったあわびとあんこうを入れて煮込む。そして、その中にエシャロットを入れて、さらに煮込む。最後に、ミントの香りをつけて仕上げる。

Page 122 Daurade Pochée à la Figue au Fenouil

〔黒鯛のポシェ、いちじく風味〕黒鯛は、ブイヨン・ド・レギュームと白ワインの中でポシェする。その汁で、完熟したいちじくの甘みのあるピュレをのばし、ワインヴィネガーを加えて、少し甘ずっぱいソースにする。ソースを敷いた上に鯛をのせ、いちじくを添える。いちじくは、砂糖とバターでロティールしておくこと。

Page 116 Fricasée de Lotte et Champignons au Safran

〔あんこうの角切りのソテー・サフラン風味〕あんこうと鮭の角切りをソテーする。ソース・ブール・ブランにサフランを入れ、充分に香りを出させる。そして、レモン汁とカイエンヌ・ペッパーを入れて味を整え仕上げる。

Page 123 Consommé de Daurade au Basilic

〔黒鯛のブイヨン仕立て(スープ)〕黒鯛の骨やあらだけで、コンソメをとっておく。薄切りにした黒鯛をスープボウルに並べて、塩、胡椒をする。そこに、コンソメの熱いところをさっとかけて、霜降りにして食べる。

Page 124 Gratin de Daurade au Estragon

〔黒鯛のグラタン〕黒鯛は、ブイヨン・ド・レギュームと白ワインにエストラゴンを入れた中でポシェする。その汁を漉して、3分の2くらいになるまで煮詰め、クリームを加えてさらに煮詰め、エストラゴンのアッシェを入れる。別に、サバイヨンを作っておいて、このソースと合わせ、塩、胡椒とレモン汁で味を整える。ソースを皿に敷き、焼き色をつけて、その上にポシェしてある黒鯛をのせる。
※黒鯛にソースをかけて焼くのが普通ですが、今回は逆にしてみました。

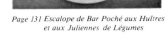

Page 131 Escalope de Bar Poché aux Huîtres et aux Juliennes de Légumes

〔すずきと生牡蠣〕すずきは、ブイヨン・ド・レギュームと白ワインにエシャロットを入れた中でポシェする。ソースは、生牡蠣の汁にエシャロットを入れて煮詰め、生クリームを加え、バターでモンテして、塩とカイエンヌ・ペッパーとレモン汁で味を整える。そして、この中に牡蠣を入れる。盛りつける時に、ポワローの青いところと人参とセロリのアリュメット(マッチ棒型)を湯がいたものを、色味として添える。

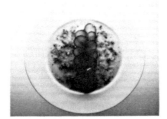

Page 125 Dourade Pochée aux Courgettes et aux Thyms

〔黒鯛のポシェ、クールジェットのソース〕黒鯛はブイヨン・ド・レギュームと白ワインの中でポシェする。ソースは、クールジェットをミキサーにかけて、ポシェした汁と混ぜ合わせたもの。

Page 132 Escalope de Bar à la Meunière aux Moules et au Sauge

〔すずきとムール貝のセージ風味〕すずきは、バターでポワレする。ムール貝は、ブイヨン・ド・レギュームと白ワインでブランシールして、殻からはずす。ソースは、その茹で汁にエシャロットのアッシェを入れて煮詰め、漉してからクリームを入れ、バターでモンテする。そして、塩とカイエンヌ・ペッパーとレモン汁で味を整える。盛りつける時には、ムール貝の肉質をのせて、セージを上に飾る。

Page 126 Daurade Grillée aux Deux Sauces

〔黒鯛のグリエ、赤ワインソース〕黒鯛はグリエする。ソースは、赤ワインを煮詰め、砂糖と胡椒で味つけする。それだけでは酸味がきついため、ブール・バテュを、上から少量かけるとよい。

Page 133 Filet de Bar à la Meunière avec Sauce Soja au Thym

〔すずきのタイム風味〕すずきは、バターでムニエルにする。タイムは、バターと少量の醤油で香ばしくさせたところにレモンをしぼる。それをすずきの上にかける。

Page 127 Daurade en Gros Sel

〔黒鯛のグリエ〕岩塩の中に黒鯛を入れて、オーブンで焼いたもの。バジリコをきかせたバターソースで食べる。

Page 134 Escalope de Bar Rôti Sauce Carotte

〔すずきの人参ソース〕すずきは、バターでポワレする。ソースは、姫人参と玉葱をブイヨン・ド・レギュームで一緒に煮込み、ミキサーにかけたものを漉し器で漉して、バターでモンテする。塩とカイエンヌ・ペッパーとレモン汁で味を整える。盛りつける時に、姫人参を添える。

Page 130 Filet de Bar Grillé aux Artichauts et Poivrons Rouges

〔すずきとアルティショーのピーマン風味〕すずきは、塩、胡椒をして、オリーブ油を塗ってグリエする。ソースは、アルティショーを茹でて、その汁を煮詰め、クリームを入れ、さらに煮詰めバターでモンテし、塩とカイエンヌ・ペッパーを入れる。そこに、赤ピーマンをアリュメット(マッチ棒型)に切ったものとバジリコを入れ、レモン汁を加えて仕上げる。このソースをすずきの上にかける。

Page 135 Bar Cru aux Fines Herbes

〔すずきのタルタルステーキ〕すずきは、生で食べられるところを角切りにして、塩、胡椒をする。ソースは、オリーブ油とレモン汁、それにトマトのコンカッセとディルの枝を混ぜて、塩、胡椒をして仕上げる。このソースを、すずきにさっとかけて食べる。

Page 138 Suprême de Poulet aux Citrons

〔鶏肉の黄色いレモン風味〕鶏肉は、鍋にバターを入れてブレゼし、火が通ったら出しておく。その鍋に、フォン・ブランとフォン・ド・ヴォーを注いで煮詰め、レモン汁をたっぷりと入れて、さらに煮詰める。最後に、マンゴーとレモンのゼスト(皮)を加える。

Page 143 Cuisse de Volaille Farcie aux Morilles à la Ciboulette

〔鶏肉のキュイスのファルシ〕キュイス(もも)の中とモリーユ茸の中に、詰物をしてロティールする。詰める物は、鶏肉のミンチとポワロー、人参、モリーユ茸のアッシェと全卵、それにナッツメッグ、塩、胡椒を混ぜ合わせたもの。ソースは、ブール・ブランを煮詰めておいて、バターとアサツキをロボ・クープで混ぜ合わせた、アサツキバターでモンテする。

Page 139 Poularde et Foie Gras en Gelée aux Fenouils

〔肥育鶏とフォワグラとエストラゴンのジュレ〕鶏肉は、ロティールし、塩、胡椒とエストラゴンでマリネしておく。フォワグラはソテーする。鶏肉のガラでとったコンソメにゼラチンを入れてジュレを作り、鶏肉とフォワグラを型に入れたところに、このジュレを流し込み固める。盛りつける時に、フヌイユを添える。

Page 146 Pigeonneau Rôti aux Choux Braisés

〔仔鳩の胸肉のローストとキャベツ〕鍋にエシャロットとベーコンのきざんだものを入れ、炒め、ゆがいておいたキャベツとバターと水を加えて、ことこと煮て、塩、胡椒をして保温しておく。鳩は、ニンニクのかたまりとロティールする。その鍋に残った脂をすてて、フォン・ブランとフォン・ド・ヴォーを注いで、デグラッセし、漉し器で漉して煮詰めバターでモンテする。そして、塩、胡椒とレモン汁で味を整え、ソースとする。

Page 140 Poulet à la Vapeur à la Crème de Jeune Poireau

〔鶏肉とポワローとトリュフのブレゼ〕鶏肉は、バターでロティールする。火の通りは、ア・ポワンにする。ポワローは、ダイヤ型に切って炒めたところへトリュフの固まりを入れて、塩、胡椒とバターで味をつける。これを皿に敷き、鶏肉をのせ、その上から、トリュフのジュース(汁)をバターでモンテし、鶏肉のジュース(汁)を加えたものをかける。

Page 147 Pot-au-feu de Pigeonneau

〔仔鳩のポトフー〕鳩は、ニンニクをきかせてロティールする。フォン・ブランに、鳩と人参、なす、ポワロー、かぶ、じゃがいもを入れて15分間煮る。鳩と野菜を取り出して、煮汁を漉して、味を整え、上から注ぐ。

Page 141 Poularde Pochée à la Fleur de Courgette

〔肥育鶏のクレソン風味〕鶏肉は、バターでブレゼする。ブレゼした煮汁に、フォン・ブランを加え、フォン・ド・ヴォーも少し入れて煮詰め、クレソンのアッシェを加える。これを鶏肉にかける。盛りつける時に、クールジェットの花を1つ添える。

Page 148 Salade de Pigeonneau

〔仔鳩のサラダ、じゃがいもとトリュフ〕鳩は、ニンニクを少しきかせてロティールする。茹でて輪切りにし、ソテーしたじゃがいもとトリュフをソース・ムータルドと和え、その上に鳩をのせる。ソース・ムータルドとは、粒マスタードとオリーブ油、白ワインヴィネガー、アサツキ、塩、胡椒を混ぜ合わせたもの。盛りつけたら、鳩の焼き汁とソースを混ぜて、まわりにかけ、アサツキを添える。

Page 142 Suprême de Volaille à la Menthe

〔鶏肉のミント風味〕鶏肉は、バターでブレゼしておく。人参とかぶとじゃがいもは、ポトフーのようにコンソメの中で煮る。ソースは、ミントの葉とワインヴィネガーとミントのリキュールを一緒にミキサーにかけ、それを煮詰めてバターでモンテする。このソースを上にかけて食べる。

Page 149 Aiguillette de Pigeonneau aux Pommes de Terre, Truffes et Courgettes

〔仔鳩のエギュイエット、じゃがいも、トリュフ、クールジェットのバトネ〕鳩は、ニンニクをきかせてロティールする。じゃがいもとトリュフとクールジェットのバトヌを、エシャロットとニンニクで炒め、そこにワインヴィネガーを入れてデグラッセし、フォン・ド・ヴォーを注いでからめたものをソースとしてあしらう。

Page 150 Pigeonneau Rôti aux Petits Oignons Glacés et aux Persils Italiennes

〔仔鳩とプティオニオングラッセ〕鳩は、ニンニクを少しきかせてロティールする。小玉葱は、グラッセしておき（焼き色をつけ、砂糖とフォン・ブランとフォン・ド・ヴォーでつやを出す）ベーコンを入れて香りをつけたら、そのベーコンは取り出し、ライムのしぼり汁を加えてつけ合わせる。

Page 157 Suprême de Col-vert aux Deux Olive

〔鴨のオリーブ・ソース〕鴨は、むねだけを切り取りロティールする。ソースには、グリーンオリーブとライプオリーブ（グリーンオリーブの完熟したもので茶色のオリーブ）の2種類を使用。それぞれのジュース（汁）をエシャロットと煮詰め、バターでモンテしてオリーブのアッシェを加える。そこに、フォン・ド・カナールを注ぎ、香草を加えてソースに仕上げる。

Page 151 Pigeonneau Rôti aux Poivres et Citrons Verts

〔仔鳩のポワヴル・ヴェール〕鳩は、ニンニクをきかせてロティールする。エシャロットとグリーンペッパーを炒め、ポルト酒とマデーラ酒とワインヴィネガーを入れて煮詰める。そこに、フォン・ブランとフォン・ド・ヴォーを注ぎ、ライムのしぼり汁を加えて、さらに煮詰めてからバターでモンテする。盛りつける時に、レモン、オレンジ、ライムのゼスト（皮）をあしらう。

Page 158 Aiguillette de Col-vert au Sang

〔鴨の血のソース添え〕青首（野性の鴨）をロティールして、エギュイエットに切る。ソースは、赤ワインを煮詰めたところに、フォン・ド・カナール（鴨のだし汁）を入れて、さらに、鴨の心臓などをミキサーにかけ血をまぜたものを加えて仕上げる。ソースを敷いた上に鴨のエギュイエットをのせる。

Page 154 Confit de Col-vert

〔鴨のキュイスのコンフィ〕鴨は、岩塩、タイム、ローリエ、胡椒の中に1晩つけておく。それを、ラードとグレス・ド・カナール（鴨の脂）を半々にした中で、80度位の温度で3〜4時間煮て、さらにその中につけ込んでおく。（コンフィ・ド・カナール）ソースは、コンフィを煮た脂と塩、胡椒とヴィネガーで、ソース・ヴィネグレットを作り、ベーコンをカリッと焼いたものとトマトのコンカッセ、そしてアサツキを混ぜ合わせたもので、コンフィの上にかける。つけ合わせに、サラダをあしらう。

Page 159 Canette Braisée Sauce MATSUTAKE

〔仔鴨と松茸のブレゼ〕仔鴨は、むねをセニャンにロティールする。エシャロットをポルト酒とマデーラ酒とワインヴィネガーで煮詰め、フォン・ブランとフォン・ド・カナール（あるいはフォン・ド・ヴォー）を注いでさらに煮詰め、そこに、ロティールしておいた仔鴨を合わせて盛りつける。そして、松茸をニンニクとエシャロットと一緒にソテーしたものを添える。

Page 155 Cuisse de Canard Rôtie au Pamplemousse

〔鴨のグレープフルーツ添え、グルナデンソース〕鴨は、コンフィの脚を使用。グレープフルーツは、グルナデンシロップで煮る。鴨コンフィの脚は骨を取り、柔らかい部分を、甘ずっぱいソースで食べる。

Page 162 Côtelette d'Agneau Grillée Sauce SANSHO

〔仔羊のコートレットのグリエ、山椒風味〕仔羊は、グリエにする。ソースは、エシャロットをワインで煮詰め、クリームを加える。そこに、パセリのバターピュレ（パセリとバターをロボ・クープでピュレ状にしたもの）を加えてモンテし、乾燥した実山椒を入れる。

Page 156 Canette Rôtie Sauce Calvados

〔仔鴨のカルヴァドス風味〕仔鴨は、むねをロティールする。ソースは、砂糖を鍋に入れて焦がしてキャラメル状にし、そこにワインヴィネガーを注ぎ、さらにフォン・ブランとフォン・ド・カナール（あるいはフォン・ド・ヴォー）を入れて煮詰めて甘ずっぱくし、リンゴのカルチェを加える。このソースを仔鴨にかける。

Page 163 Noisette et Rognon d'Agneau à l'Huile d'Olive et au Romarin

〔仔羊のロティとロニヨン・ダニョー〕仔羊と腎臓は、ローズマリーのきざんだものをつけてロティールする。ソースは、オリーブ油、レモン汁、エシャロットのアッシェ、塩、胡椒、それにトマトのコンカッセとローズマリーを鍋に入れて、沸騰する寸前に火からおろしたもの。

Page 164 Ragoût d'Agneau à la Hongroise

〔仔羊の煮込み、ハンガリー風〕仔羊は、塩、胡椒してセニャンにロティールする。トマトとニンニクとエシャロットを白ワインで一緒に煮詰め、さらに、トマトのジュースと生のトマトとローズマリーを加えて煮詰める。そこに仔羊を合わせる。つけ合わせは、人参、クールジェット、かぶをシャトー型に切って、ブランシールしたもの。

Page 171 Filet de Chevreuil à la Mignonnette et Laitue Braisée avec Son Jus

〔鹿とレタスのブレゼ(煮込み)〕鹿は、セニャンにロティールする。レタスをベーコンと玉葱とフォン・ブランと生姜で煮込み、エキスを出す。その汁を軽くバターでモンテして、ソースとする。

Page 165 Filet d'Agneau Rôti et Cervelles d'Agneau à la Meunière au Jus de Thym

〔仔羊のフィレのロティールとセルベルのムニエル、タイム風味〕仔羊のフィレはロティールし、セルベル(脳みそ)は、ムニエルにする。ソースは、エシャロットをバターで炒め、白ワインとタイムの枝を入れて煮詰める。そこに、クリームを加えてバターでモンテし、最後に、タイムを入れて香りをつける。

Page 172 Chevreuil Braisé aux Champignons et Marrons Glacés

〔鹿の軽い煮込みときのこ添え〕栗とマッシュルームを軽く炒め、白ワインを注いで煮詰めて、フォン・ブランとフォン・ド・シュヴルイユとヴィネガーを加える。その汁で、ロティールして黒胡椒をまぶして切りわけておいた鹿を少し煮込む。最後に、アサツキのアッシェをちらす。

Page 166 Noisette d'Agneau aux Truffes et aux Pommes de Terre Lyonaise

〔仔羊とトリュフのポム・リヨネーズ〕仔羊のかたまりは、乾燥させたトリュフのアッシェと一緒にロティールして、トリュフの香りをつける。玉葱と輪切りにしたじゃがいもを炒め、ワインヴィネガーを入れ、フォン・ド・ヴォーと合わせ、ソースとする。

Page 173 Noisette de Chevreuil à la Poire et Menthe

〔鹿と洋梨の赤ワイン煮込み〕鹿のノワゼットは、黒胡椒をしてロティールする。ソースは、フレッシュのグロゼイユをミキサーにかけ、フォン・ド・シュヴルイユで煮込み、バターでモンテして、ミントのアッシェしたものを加える。洋梨は、赤ワインと砂糖とバニラで煮たものを添える。

Page 167 Filet d'Agneau Rôti aux Epinards Sauce Périgeux

〔仔羊のロティ、ペリゴール・ソース〕仔羊のフィレをセニャンにロティールする。ペリゴールソースはエシャロットのアッシェをバターで炒め、ポルト酒とマデーラ酒を入れて煮詰めて、そこにフォン・ブランとフォン・ド・ヴォーを注ぎ、トリュフのアッシェを加えて、さらに煮詰めバターでモンテする。最後に、ジュ・ド・トリュフ(トリフのジュース)を加えて仕上げる。盛りつける時に、中央にほうれん草をあしらう。

Page 174 Noisette de Chevreuile Rôti à la Groseille et aux Nouille d'Epinard

〔鹿のロティ、グロゼイユ添え、ほうれん草風味のヌイユ添え〕鹿はグリエする。グロゼイユ(すぐりの実)は、フレッシュをミキサーにかけて、そこに、シェリー酒ヴィネガーと砂糖とフォン・ド・シュヴルイユとフォン・ド・ヴォーを加えてソースにする。つけ合わせに、ほうれん草のパスタを添える。

Page 170 Noisette de Chevreuil au Chou

〔鹿のロティ、キャベツ包み〕鹿のロティールしたものを、キャベツで包み、バターとフォン・ブランでブレゼし、キャベツの味を含ませる。ソースは、ブレゼした汁を漉して、そこにシェリー酒を注いで煮詰め、塩、胡椒で味を整える。

Page 175 Noisette de Chevreuil au Spatzle Sauce Poivrade

〔鹿のロティ、ソース・ポワブラード、スュペッツル添え〕鹿は、背肉をロティールする。ソースは、鍋にエシャロットと黒胡椒とバターと砂糖を入れて炒め、砂糖をキャラメル状にして、ワインヴィネガーを注いでデクラッセする。そこに、フォン・ブランとフォン・ド・シュヴルイユ(鹿のだし汁)あるいはフォン・ド・ヴォーを入れて仕上げる。スュペッツルというのは、アルザス地方独特のパスタで、これをつけ合わせにする。

205

HÔTEL de MIKUNIの調理場。いつもなら、夜9時には、ストーブの火が落ちる。しかし、料理との格闘が、早朝6時まで続いた5日間、というのがあった。調理場へいちばん若い人達が、ほぼ出勤してくる時間まで、グラン・シェフの三国とスー・シェフの桑本、それにアシストの2人が、血ばしる眼にもめげず頑張る。支配人の内藤、バーの戸田も、調理場への心づかいか、早朝までつき合いがいい。妙齢のご婦人とその取り巻きのために設けられた個室が、今回のスタヂオである。フォトグラファーの中村とアシスタントの高島が、中村の考案したニューヨーク帰りのライティング・システムで、1日24皿の料理写真に挑戦した。素材は、中村のスタヂオが主戦場だった。人物担当の森川は、アートディレクターの横山とともに、三国の故郷(北海道・増毛)、都内のスタジオ、調理場、神宮外苑と撮りまくった。そして、編集スタッフは、といえば、例によってデザイン・グループと印刷所のスタッフをキリキリと泣かせつつ、ギリギリ最後まで原稿を書かなかった。三国が、二度と本なんかつくりたくない、と笑いながら話せるようになった頃、この"素材の料理人の、料理本"が完成した。アア、お疲れさま。

Long after the last customers had gone home, they continued to labor through the night, until the sun had already proclaimed the day's beginning by rising through the morning sky. It went on like this for five long days, each dish prepared meticulously for the unforgiving eye of the camera. It is only the person who truly loves his work who can labor endlessly to create something as fine as what follows in these pages. The man who is the Hôtel de Mikuni, Grand Chef Kiyomi Mikuni with the aid of assistant Chef Katsutoshi Kuwamoto and two apprentices are people who work, not just for the sake of it, but because it gives them pleasure and pride in creating something for others.

Filming all this took the efforts two renowned cameramen, Shozo Nakamura, his assistant Toru Takashima, and Noboru Morikawa. Mr. Nakamura's specially designed lighting system was flown in from New York to do the shooting while Mr. Morikawa traveled to Mikuni's hometown of Mashike in Hokkaido, and worked in studios throughout Tokyo. The eyes of art director Shuichi Yokoyama have also left their imprint on these pages giving each dish its proper place among the rest. Not to be underestimated or forgotten are the libations of barman Haruhisa Toda or the moral support of the matre de Tomoyoshi Naito who gave up many night's rest to help.

It is through the work of all these men, combined with the talent of Chef Mikuni, that we can enjoy this book. For now the work is finished and it may be awhile before another like it appears again. Laughing through his exhaustion, Mikuni swore, "This will be the last time I try something like this!". And we are so fortunant he has tried it at least this one. In Japanese, after someone has labored long and hard we thank him by saying "Otsukare-sama deshita". To which Mikuni might then reply, "Bon appetit!".

editorial staff
MOTOKI SHIMIZU
HIDEHARU OZAWA
SUSUMU TOMITA
RONALD STERNBERG
TAKAKO MURAI

photographer
SHOZO NAKAMURA
NOBORU MORIKAWA

art direction & book design
DIAMOND HEAD'S

special thanks to:
PATORA ICHIDA
KAZUMI OGURO
MANJI NAGAKURA
TOHRU KENJYO
HEISUKE ISHIHARA
KIYOMICHI MIKUNI

Kiyomi Mikuni
Food Fantasy of the Hôtel de Mikuni
皿の上に、僕がある。

著者©／三国清三

初版印刷／1986年1月15日
初版発行／1986年2月1日
発行人／小西博雄
発行所／株式会社柴田書店
〒113　東京都文京区本郷3-33-5
振替口座　東京8-4515
電話　03(813)6031(代表)

印刷／日本写真印刷株式会社
製本／和田製本工業株式会社
乱丁・落丁本はお取り替えいたします。

Kiyomi Mikuni
Food Fantasy of the Hôtel de Mikuni

皿の上に、僕がある。(復刻版)

2024年12月10日発行

著者©／三国清三
発行人／丸山兼一
発行所／株式会社 柴田書店
　　　　〒113-8477　東京都文京区湯島3-26-9
　　　　電話　03(5816)8251(代表)
　　　　URL　https://www.shibatashoten.co.jp

印刷・製本／TOPPANクロレ株式会社

ISBN 978-4-388-06252-2
乱丁・落丁本はお取り替えいたします。
Printed in Japan